ᵕᴖᴵ

Das Buch

Er will nur eines, ein deutsches Visum: In seinem Debüt entwirft der syrische Autor Assaf Alassaf eine irre Kampagne für sein #delicious_german_viza und erzählt von der imaginären Freundschaft zwischen einem deutschen Diplomaten und einem geflohenen Syrer. Ein fulminanter, komischer Episodenroman voller Selbstironie über die kafkaeske Warterei auf ein Visum und über eine seltsam zärtliche und groteske Annäherung.

Der Autor

Assaf Alassaf wurde 1976 in Deir ez-Zor, Syrien geboren. Er studierte Zahnmedizin in Damaskus. Seit 2007 hat er zahlreiche Artikel in arabischen Tageszeitungen wie *Al Hayat* und *Al Mustakbal* veröffentlicht. Im Jahr 2013 zog er von Damaskus nach Nouakchott in Mauretanien, wo er als Zahnarzt arbeitete. Seit Anfang 2014 lebte er in Beirut und arbeitet in einem medizinischen Zentrum für syrische Flüchtlinge. Er ist verheiratet mit seiner Frau Nibal und hat zwei Töchter, Rita und Nay. Im Oktober 2015 konnte er mit einer Einladung der Münchner Kammerspiele nach Deutschland (mit Visum) einreisen. Anfang Januar 2016 erhielt er ein Stipendium *Das weiße Meer* für einen Gastaufenthalt im Literarischen Colloquium Berlin, im Frühjahr 2016 ein Stipendium auf Schloss Solitude.

Die Übersetzerin

Sandra Hetzl wurde 1980 in München geboren und lebt in Beirut und Berlin. Sie studierte an der UdK Visual Culture Studies, arbeitet als Literaturübersetzerin aus dem Arabischen und macht Videoinstallationen. Außerdem ist sie der Kopf hinter 10/11, einem Labor und gleichzeitig Sprachrohr für experimentelle Formen arabischer Literatur. 10/11 macht Texte junger arabischer Autoren (oftmals gewonnen aus den Tiefen des www) für den internationalen Buchmarkt zugänglich. Weitere Informationen hier https://www.facebook.com/10.11.collective.

Assaf Alassaf

Abu Jürgen

Mein Leben
mit dem deutschen
Botschafter

Aus dem Arabischen
von Sandra Hetzl

Herausgegeben von 10/11

Inhalt

Assaf und basta

Im Rahmen meiner Kampagne für das deutsche
Visum habe ich mir überlegt, dass es unpassend
ist, wenn meine Freunde mich weiterhin bei
meinen diversen Spitznamen rufen wie Assouf
oder Abu al-Assaf oder Assafo. Ab jetzt bin ich
nur noch Assaf, und basta. Sogar das vor meinem
Namen stehende „Dr." kann ich mir schenken.
Auch wenn mein Vater und meine Mutter darüber
sehr traurig sein werden, haben sie doch ihr ganzes
Leben lang auf dieses „Dr." hingearbeitet. Die einzige Ausnahme mache ich bei meiner Frau Nibal,
bei der hab ich ja nichts zu melden, aber was soll's:
Gott ist eben mächtiger als ibn Saud[1].

Hochbrisante Informationen

Im Rahmen meiner Kampagne für das deutsche Visum haben sich zwei meiner Freunde angeboten, schon einmal ein bisschen die Gegend der deutschen Botschaft auszukundschaften und nach Informationen zu schnüffeln. Zurück kamen sie mit äußerst wichtigen und hochbrisanten Informationen. Unter anderem, dass der Botschafter ein großer Liebhaber von Deir ez-Zorischem Käse und Awas-Lammfleisch ist. Und genau in diesem Moment werden in einer Küche in Deir ez-Zor ein halbes Kilo Käse und eine Schafshaxe zubereitet, einschließlich einer Portion eingelegter Joghurtbällchen, da außerdem zu uns vorgedrungen ist, dass die Ehefrau des Botschafters eine Schwäche für diese lokale Delikatesse hat.
#delicious_german_viza

Kontakt zum Schwager des deutschen Botschafters

Im Rahmen meiner Kampagne für das deutsche Visum ist es uns gelungen, einen Kontakt zum Schwager des deutschen Botschafters herzustellen: ein herzensguter, hilfsbereiter Mann, der niemandem eine Bitte abschlägt. Und seine Frau erst! Dann stellte sich sogar heraus, dass zwischen dem Schwager des Botschafters und jenem Freund, der ihn für mich aufsuchte, eine entfernte Verwandtschaft besteht. Und schon nach dem ersten Besuch war der Schwager des Botschafters so weit, dass er ihn „Onkel" nannte.
#delicious_german_viza

Zusammenstellung der Dokumente

Im Rahmen meiner Kampagne für das deutsche Visum wurden jetzt sämtliche Dokumente und Zeugnisse, die ich mit meinem Visumsantrag einreichen werde, zusammengestellt. Unter anderem:
Urkunde „Bester Pionier in Eloquenz und Rhetorik auf Landesebene"
Urkunde „Aufstrebender Jungdichter" vom 8. Kasem-und-der-Bauernhof[2]-Poesiefestival im Zentrum der Revolutionären Jugend in Idlib eine Kassette mit Aufnahmen des Schlagers *Ich ess nix, ich trink nix, ich schaue bloß aus meinen Augen. Ooooh![3]*, eingesungen von mir in englischer und deutscher Sprache
#delicious_german_viza

Begrenzte Fantasie der nationalen Einheit

Bei keiner der Odysseen des syrischen Exodus hat man bisher je beispielsweise von einem sunnitischen Fliehenden gehört, der Alawiten oder Christen, nachdem ihr Boot gekentert war, vor dem Ertrinken rettete und der, nachdem er das letzte Kind am Strand geborgen hatte, selbst ertrunken war. Oder gar von einem kurdischen Schleuser, dem das Herz wegen einer armen arabischen Familie schmerzte und der sie dann kostenlos, als Almosen, mit seinem Privatwagen bis nach Berlin geschmuggelt hätte.

Mir schwant, die Fantasie unserer nationalen Einheit ist ziemlich begrenzt.

Entschuldigung bei den Fans von al-Mannschaft

Im Rahmen meiner Kampagne für das deutsche Visum habe ich mich notariell von meinem Fußballfantum gegenüber der argentinischen Fußballmannschaft losgesagt und einen Eid abgelegt, der besagt, dass es sich dabei lediglich um eine jugendliche Torheit gehandelt hat. Ich werde mich offiziell bei den Fans von al-Mannschaft für die Peitschenhiebe und anderen Torturen, die ich ihnen während der Weltmeisterschaft zugefügt habe, entschuldigen.
#delicious_german_viza

Verbreitung der Botschaft der Kampagne

Im Rahmen meiner Kampagne für das deutsche Visum werden zwei Kampagnenmitglieder zu Fuß sieben Länder durchqueren, um die Botschaft der Kampagne zu verbreiten. Ziel der Wanderung ist das Grabmal des unbekannten deutschen Soldaten. Man wird einen Blumenkranz auf den Schrein legen und die Fatiha-Sure lesen und was sonst noch an Koranversen zum Gedenken an den guten Mann passt. Außerdem wird man ein Grußwort ins Gästebuch eintragen.

Jubiläum der deutschen Korrekturbewegung

Im Rahmen meiner Kampagne für das deutsche Visum wurde vor der deutschen Botschaft in Beirut ein Zelt montiert, anlässlich des Jubiläums der glorreichen deutschen Korrekturbewegung[4]. Der Kampagnenvorstand hat bestätigt, dass die Anwesenheit von Kim Kardashians Hintern bei den Feierlichkeiten fast völlig zugesichert ist. #delicious_german_viza

Ich schwöre

Ich schwöre, zu meiner Zeit war ich schicker als Larry King, aber seit meine Frau mir diese knalligen Sweatshirts in Rot und Gelb schenkt, weiß ich auch nicht, was aus mir geworden ist. Gottbewahre, dass mich der deutsche Botschafter so sieht! #delicious_german_viza

Modekollektion für das Vorstellungsgespräch

Im Rahmen meiner Kampagne für das deutsche Visum habe ich mir eine schwarze Hose aus Pfirsichsamt mit achtzehn Bundfalten und zwei Knöpfen maßschneidern lassen und mir passend dazu ein siebenfarbiges geblümtes Hemd mit weiten Ärmeln sowie ein Paar weiße Gummistiefel gekauft, die ich bei meinem Termin mit dem Botschafter tragen werde. Die Kleidungsstücke wurden an einen sicheren Ort gebracht, weitab von all dem Medienrummel. Dem breiten Publikum wird die Kollektion erst nach dem Vorstellungsgespräch präsentiert.
#delicious_german_viza

Onkel Ghazi

Vor ein paar Stunden bin ich ein wenig eingenickt. Da träumte ich einen jener Träume, von denen es heißt, sie verheißen nichts Gutes. Ich träumte, dass uns mein Onkel Ghazi, der vor gut 15 Jahren verstorben ist, zu Hause besucht hat. Dann kam meine Mutter, begrüßte ihn und ging wieder. Onkel Ghazi wollte auch gehen und fragte nach meiner Mutter: „Wo ist Umm Assaf denn hin?"

Wir verrieten es ihm nicht. Dann fragte er ein zweites Mal, schon in der Tür stehend: „Wo ist Umm Assaf hin?" Keine Antwort von uns. Dann wandte er sich direkt an mich: „Ok. Und wo ist der deutsche Botschafter?" Ich sagte: „Komm, Onkel, es reicht, jetzt geh schon weg. Fällt dir denn niemand anderes ein als meine Mutter und der deutsche Botschafter, nach denen du fragen kannst? Von all den Leuten besuchst du ausgerechnet mich? Lass mich bitte erstmal die Sache mit dem Visum klären, dann können wir noch mal reden."

Sponsoring der Kampagne

Im Rahmen meiner Kampagne für das deutsche Visum wurden jetzt alle eingereichten Bewerbungen zum Sponsoring der Kampagne ausgiebig studiert. In die letzte Runde haben es zwei eng miteinander konkurrierende Angebote geschafft: Die Kaugummifirma Siham [5] möchte sämtliche Slogans und Bilder der Kampagne auf alle ihre Produkte drucken lassen, dazu gäbe es noch eine Überraschungseinlage. So soll am Tag des Visumsinterviews ein Fallschirmspringer auf die Botschaft sinken, der einen Bauchladen voller Kaugummikugeln, von denen ein Stück eine Viertel-Lira kostet, umgeschnallt hat.

Dagegen steht das Angebot der Einrichtung für Militärisches Bauen [6], die die Montage von Fertigbau-Kiosken rund um die Botschaft plant, an denen am Tag des Vorstellungsgesprächs Schwarzmarkt-Zigaretten verkauft und rote al-Khazna-Limoflaschen – natürlich bedruckt mit dem Kampagnenslogan – kostenlos verteilt werden sollen. #delicious_german_viza

Über die Weisheit

Als im Jahr 2003 der Krieg gegen den Irak begann, sagte der Mann meiner Tante, der seit 1949 im Militärdienst ist, zu meinem Vater: „Abu Assaf, ich möchte ein Zelt kaufen." Wozu er das wolle, fragte mein Vater ihn damals, worauf er antwortete: „Du weißt nicht, was noch alles passieren kann. Vielleicht müssen wir irgendwann aus unseren Häusern ausziehen und dann werden wir ein Zelt brauchen. Wenigstens könnte ich es, sollte der Krieg wirklich bis hierher kommen, am Euphrat aufstellen und mit meiner Familie darin wohnen."

Das erzählte mir damals mein Vater, und ich erinnere mich, dass ich mir das ziemlich zu Herzen nahm. Ich gehöre zu denjenigen, die allgemein an das glauben, was man Weisheit und Lebenserfahrung nennt. Mit der Weisheit ist es so eine Sache: Es ist äußerst unwahrscheinlich, dass du sie aus Büchern lernst. Am ehesten findest du sie bei denen, die das Leben mit all seinen Höhen und Tiefen gelebt haben.

In meinem nächsten Leben würde ich allerdings gerne schon dann weise geworden sein, bevor die Tatsachen eingetroffen sind und es zu spät ist.

Verbreitung des Slogans

Im Rahmen meiner Kampagne für das deutsche Visum wurden drei schwarze Spraydosen gekauft, mithilfe derer die Wände der deutschen Botschaft in Beirut mit dem Kampagnenslogan besprüht werden sollen, einschließlich eines hochqualitativen Nagelknipsers, von dem unser Sprayer vor jeder Sprühaktion Gebrauch machen wird. #delicious_german_viza

Der Dichtung frönen

Langsam wird mir das zu blöd mit meinen täglichen Posts über Zähne, Visa und Frauen. Lasst mich erneut der Dichtung frönen.
Los, Junge, reich mir mal den Frön rüber!
#delicious_german_viza

Der Flugzeug-Ornithologe

Der Flugzeug-Ornithologe … Ein Gedicht, dessen
Dichtung ich heute morgen gefrönt habe:
Jeden Tag fliegt sie an meiner Kaffeetasse vorbei,
wackelt mit ihren vier Brüsten,
stillt die Wolken mit der Milch der Entfernungen
und erweckt in mir die Lust auf Verrat
und Sex mit schlampigen Städten.
Hab Gnade mit mir, oh, Air-France-Maschine,
sind meine Träume doch schwanger mit Em-
bryonen deutscher Visa.
#delicious_german_viza

Telegramm an das französische Außenministerium

Vor einer Weile schrieb ich ein Telegramm an das französische Außenministerium. Ich schrieb ihnen, ich sei bereit, mit ihnen bezüglich jenes Franzosen, der sich ISIS angeschlossen hat, zu kooperieren, vor allem, da er ja auch in Mauretanien gelebt habe, und Mauretanien kenne ich ja bekanntlich wie meine eigene Westentasche. Ich schlug ihnen vor, sie sollten mir doch ein Visum schicken, dann könnten wir der Angelegenheit in Paris gemeinsam auf den Grund gehen.

Heute haben sie mir zurückgeschrieben. Das war in etwa der Wortlaut: „Danke, Missiö Assaf, für Ihr Interesse, wir werden Ihnen ein Visum nach Mauretanien schicken, um die Sache als Heimspiel zu erörtern."

Nun ja. Und jetzt bin ich verzweifelt auf der Suche nach einem deutschen ISIS-Kämpfer, der mal in Mauretanien gelebt hat. Oder in Sahnaya[7], würde auch gehen.

#delicious_german_viza

Die Sandwich-Bestellung des Herrn Botschafters

Ich streckte meinen Arm aus, um dem Verkäufer am Falafelstand meinen Kassenbon herüberzureichen. Der machte eine kurze abwehrende Kopfbewegung und sagte: „Wart noch kurz. Lass mich erst einmal die Bestellung des Herrn Botschafters bearbeiten." Ich warf einen Blick auf den Mann neben mir. Ich sah mir sein Gesicht genau an. Tatsache, er war es wirklich. Der deutsche Botschafter, wie er leibt und lebt. Ich sagte zum Verkäufer: „Leg in das Sandwich des Herrn Botschafters noch ein paar Falafel-Bällchen und Chilies extra." Dann zwinkerte ich dem Botschafter zu: „Du und deine Frau werdet mich hierfür doch sicher in euer Gebet einschließen, stimmt's?" Da sagte der Botschafter: „Entschuldigen Sie, aber mir erschließt sich nicht ganz, wer Sie sind." Ich sagte ihm: „Also wirklich, schäm dich! Ich bin doch der Mann hinter der Kampagne für das deutsche Visum." Da entfuhr es dem Botschafter: „Ach, du bist dieser Abu Rita, der uns hier die ganze Zeit auf Facebook blamiert!" Ich sagte ihm: „Komm, nimm dein Sandwich. Lass uns zusammen essen und am Tisch weiterquatschen." Er grabschte sich noch eine Handvoll eingelegte grüne Peperonis und wir setzten uns. Ich sagte: „Mann, erlöse uns doch endlich! Gib mir doch endlich dieses hochheilige Visum, damit ich nach Deutschland fliegen und meine Frau und meine Töchter nachholen kann." Er sagte: „Du hast mein volles Mitgefühl. Aber, bei der Ehre meiner Schwester, Abu Rita, was ich jetzt sage, ist die volle Wahrheit: Die Regierung hält uns zur Zeit sehr an der kurzen Leine. Wir haben überhaupt keine Bewegungsfreiheit, alle Augen sind auf uns gerichtet." Ich sagte ihm: „Na gut, und was ist dann die Lösung? Bruder, du musst mir helfen. Ich will dieses Visum, bei diesem Barthaar hier …" Bei diesen Worten streckte ich meine Hand aus und riss ihm ein Haar aus seinem Schnurrbart aus. Der Botschafter zuckte zusammen. Dann überlegte er und sagte: „Schau mal, Bruder. Nächsten Monat werden wir ein Flugzeug direkt von uns nach Deutschland schicken. Die Maschine ist zwar komplett belegt, aber es gibt noch zwei Extraplätze. Die lassen wir normalerweise für die Leute der politischen Staatssicherheit frei, du weißt schon, Kollege Abu Ali und Konsorten. Ich werde versuchen, dir einen von den Plätzen zu geben." Ich sagte ihm: „Kein Problem, mein Freund. Ich kann im Stehen mitfliegen. Hauptsache, meine Frau und die Mädels kriegen einen Sitzplatz." Er sagte: „Ja, aber wie soll denn das gehen, im Stehen? Weißt du was, du nimmst einfach den Platz des Kopiloten. Sobald die Maschine abgehoben hat, kommst du und setzt dich auf seinen Platz. Du weißt ja, der Kopilot ist ohnehin den ganzen Flug über damit beschäftigt, zwischen den Reihen auf und ab zu laufen und Wasser, Schwarztee und Kotztüten zu verteilen. Ich bin mir sicher, dass du deinen Spaß haben wirst, wenn du dort sitzt. Da kannst du Tee trinken und rauchen, wie du Lust hast. Und der Pilot kommt aus deiner Gegend. Ein irakischer Musikliebhaber vom Feinsten. Pack dir zwei, drei Kassetten mit ein und ihr werdet euch bestens miteinander verstehen."

Ich sagte ihm: „Wollen wir's hoffen, mein Freund, wollen wir's hoffen. Na gut, ich muss dann mal los. Ich warte also auf eine Nachricht von dir. Bestell dir noch ein Sandwich, das geht auf mich." #delicious_german_viza

Hashtag der Kampagne

#delicious_german_viza
Achtung, Achtung!

Liebe und Friede für alle Völker dieser Erde, in Asien, Afrika und Lateinamerika.

Ich bitte euch, benutzt alle diesen Hashtag, den Hashtag der Kampagne für mein deutsches Visum. Ich bitte Sie, meine Dame, wenn Sie gerade von den langweiligen Gesprächsthemen Ihres Mannes genervt sind, hashtaggen Sie hier! Wenn Sie mal wieder die Nase gehörig voll haben von all dem Gekoche und Gebrate und Windelgewechsele, lassen Sie einfach alles stehen und liegen und kommen Sie zu uns, alleine oder in Begleitung Ihrer Freundinnen und Nachbarinnen: Dem Kaffee und der Shisha bei uns (genau wie die, die Abu Nachbarssohn zu stopfen pflegt) konnte bisher noch niemand widerstehen.

Und du, Junggebliebener, der du 24 Stunden tagaus, tagein vor dem Internet verbringst: Komm, trink dein Bier mit deinen Kumpels und verfolge die Premier League, gleich hier, direkt unter unserem Hashtag. Das Lächeln der Hashtag-Hostess wirst du dein Leben lang nicht vergessen.

Demoiselle, lade deine Clique übers Weekend doch einfach zum Hashtag ein. Bei uns kannst du Shoppen gehen, außerdem gibt es unter unserem

Hashtag Bodycare, Yoga, Aerobic und Sport – und das alles, ohne dass du dich dafür von der Stelle bewegen musst. Aber hallo, für dich melken wir sogar Vögel!

Meine lieben Freunde von der Opposition. Ihr könnt eure Konferenzen und politischen Versammlungen im zu unserem Hashtag gehörenden Konferenzsaal abhalten. Der Saal ist völlig frei von spitzen Gegenständen jeder Art und komplett mit Schaumgummi ausgepolstert.

Hier könnt ihr nach Belieben Raufen, Überlaufen und untereinander Vorwürfe und Ohrfeigen austeilen.

Hier könnt ihr über alles schreiben. Über euren Alltag, eure Sehnsüchte, eure tiefsten Leidenschaften – weiß Gott, eure Leidenschaften bräuchten natürlich einen eigenen Hashtag und womöglich würde nicht einmal der ausreichen. Eure politischen Ansichten über Adonis[8], Ahlam Mostaghanemi[9], George Sabra und Omar Suleyman[10] sind hier jedenfalls herzlich willkommen. Die ganze Woche lang.

Also: Ich warte.

Warteschlange

Die Leute stehen sich vor den Botschaften die
Beine in den Bauch, um Visa zu bekommen, und
ich kriege die ganze Zeit Einladungen für Candy
Crush …
Sagt mal, geht's noch?

Aus dem Kampagnenpostfach

#delicious_german_viza

Aus dem Kampagnenpostfach …

Ein Freund schrieb mir: „Doktor, wenn du das mit dem Visum wirklich ernst meinst, dann lass das mit dieser Facebook-Kampagne. Es könnte dir am Ende bei der Botschaft schaden."

Ich antwortete: „Wenn mir das wirklich schaden sollte, dann will ich das Visum doch nicht. Da bleib ich doch lieber bei meiner Kampagne, das ist lustiger."

Verpflichtung zur völligen Transparenz

#delicious_german_viza
Da wir uns dem Prinzip völliger Transparenz
verpflichtet sehen, all jenen zum Trotz, die ihre
Angelegenheiten privat halten wollten, all jenen
zum Trotz, die plötzlich untergetaucht, verschwun-
den sind und uns mit Fragen über die Gründe
ihrer Abwesenheit allein gelassen haben und deren
Körper wir wenige Tage später plötzlich durch die
Straßen Europas schlendern sehen, all jenen zum
Trotz werden wir die Resultate der Kampagne
Stück für Stück mit jeder neuen Entwicklung hier
preisgeben.
Erwartet uns also heute Abend, bei der Kampag-
nenrundschau.

Im Büro des Botschafters

Vor zwei Tagen, als es draußen regnete und
gewitterte, stellte ich eine Schachtel Sesamkekse
vor mich und sagte mir: „So, jetzt mach ich's mir
gemütlich." In diesem Augenblick klingelte mein
Handy. Auf dem Display stand: „Private Nummer."
Ich nahm ab und hörte eine Stimme sagen: „Na,
wie geht's dir, Abu Rita? Wo steckst du?" Ich sagte,
dass ich zu Hause sei, und fragte, wer denn am
Apparat sei. Darauf kam nur ein: „Zieh dich an,
wir kommen. Wir sind schon bei dir um die Ecke."
Und tatsächlich, nach etwa fünf Minuten hielt
ein Wagen vor meinem Haus. Ich klemmte die
Sesamkekse unter meinen Arm, lief hinunter und
stieg ein. Auf dem Fahrersitz saß der Chauffeur des
deutschen Botschafters und hinten saßen zwei mir
unbekannte Männer. Wir fuhren los, im Regen, bis
zur Botschaft. Dann gingen wir direkt ins Büro des
Botschafters. Die beiden Herren setzten sich sofort
hin und machten es sich bequem, sie wirkten, als
gehörten sie zur Familie. Einer setzte sich auf ein
grünes Metallbett wie die, auf denen bei uns die
Soldaten schlafen, nachdem er ein paar getragene
Socken, die auf dem Bett verstreut gelegen hatten,
unter das Kopfkissen geschoben hatte. Ich blinzelte
dem Chauffeur zu, wie um zu fragen: „Wer sind
denn die?" Er flüsterte mir ins Ohr: „Der Lange ist

der Botschafter der Republik Kasachstan und der andere ist der Kulturattaché der nordkoreanischen Botschaft." Da fielen mir erst ihre Gesichtszüge auf.

Nun kam der deutsche Botschafter aus dem Badezimmer. Er trug eine khakifarbene Schlafanzughose, die er sich bis kurz unters Knie hochgekrempelt hatte, dazu ein dunkelblaues Unterhemd, blaue Flipflops und ein locker um den Hals geworfenes Handtuch, mit dem er sich das frischrasierte Kinn abrieb. „Wohlbekomm's, Herr Botschafter", sagte ich, darauf er: „Willkommen, Abu Rita! Na, hast du dich schon mit den Jungs angefreundet? Ach was, du wirst sie jetzt beim Spiel kennenlernen. Was hast du denn da stecken … Sesamkekse? Mann, riechst du denn nicht die Kastanien auf dem Ofen? Vergiss mal die Sesamkekse. Wenn du heute auch nur eine einzige Runde gegen mich gewinnst, schäle ich dir die Kastanien eigenhändig. Sollte ich aber dich besiegen, dann schieb nicht wieder alles auf deinen Spielpartner, wie du das sonst immer tust." Ich erwiderte: „Das sagst du jedes Mal, Eure Exzellenz, Herr Botschafter, und am Ende verlierst du, schmeißt die Karten hin und schmollst. Das kannst du deiner Frau erzählen, mir machst du nichts vor."

Er ließ sich nicht davon beirren: „Na los, bitteschön, die Herren. Zeigt mir, was ihr könnt."

Der deutsche Botschafter zog die Spielkarten aus der Schublade. Mir wies er den nordkoreanischen Kulturattaché als Partner zu, während er sich mit dem Kasachen zusammentat. Ich sagte ihm: „Ich werde jetzt einfach meine Hände in den Schoß legen und dir seelenruhig dabei zusehen, wie du verlierst. Und ich werde dich sowas von aus dem Konzept bringen, bis du nicht einmal mehr Haitham al-Maleh[11] und Haitham Manna[12] auseinanderhalten kannst." Wortlos verteilte der Botschafter die Karten. Mein koreanischer Partner zog die Herz-Sieben, und das Spiel nahm seinen Lauf.

Irgendwann, wir hatten gerade in etwa Gleichstand, kam der Botschafter an die Reihe, das Spiel anzusagen. Der Gute wurde ganz euphorisch und bei jeder Karte, die er zog, und jeder Dame, die er uns verpasste, schlug er mit seinen Händen auf den Tisch. Dann zog er den König als Trumpf, und alles wurde still. Wer den König kassiert, verliert. Genüsslich legte der deutsche Botschafter den König auf den Tisch und sagte: „Dieser König ist für dich, Abu Rita. Den wirst du fressen. Zu den Augen herausquellen soll er dir. Ich versprech dir, dein Verlust wird bitterer sein als der Verlust der eigenen Eltern."

Dann eröffnete der Botschafter die nächste Runde mit einem Pik-Ass. Er schmetterte die Karo-Drei auf den Tisch, davon ausgehend, dass sein Partner jetzt übernehmen und ihm eine Pik-Zwei zurückgeben würde. Doch an dieser Stelle schaltete ich mich ein, warf eine Herz-Karte in die Mitte, während mein Kollege mit einem Ass noch eins drauf setzte, worauf der Partner des deutschen Botschafters eine Dame auf den Tisch knallte. Ich sah meinen Spielpartner an und in meinen Augen stand die Frage: „Was zum Geier macht dieser Idiot?" Doch dann legten einfach wir weiter Herz-Karten, bis schließlich der König kam.

Dann geschah, was ich vorausgesehen hatte: Wie gewöhnlich warf der deutsche Botschafter seinem Spielpartner die Karten an den Kopf. Sein Speichel spritzte uns ins Gesicht, während er den Kasachen anbrüllte: „Warum nur, in Gottes Namen? Kannst du mir das erklären? Diese Hure … Diese verdammte Hure von einer Herz-Dame, warum zum Teufel packst du sie unter das Ass, wenn du doch keine besseren Karten auf Lager hast?"

Wir trennten die beiden voneinander. Ich fragte den kasachischen Botschafter: „Sag mal … wie verfährt man bei euch zu Lande mit einem, der den König als Trumpf ausgerufen hat und ihn am Ende selbst kassiert? Wie lautet die dafür vorgesehene Strafe?" Er antwortete: „Genau wie bei euch auch. Er wird gefickt. Das ist allgemeinmenschliches Kulturerbe und hat nicht das Geringste mit Rasse oder Hautfarbe zu tun."

Plötzlich sah ich, wie mein nordkoreanischer Partner sich anschickte, seinen Hosenstall zu öffnen. Schnell sagte ich ihm: „Das ist eine Metapher! Eine bloße Metapher, mein Guter! Er soll uns erst einmal das Visum geben, dann kannst du mit ihm anstellen, was du willst." Mich an den deutschen Botschafter wendend fuhr ich fort:

„Und du, mein Freundchen, lass das in Zukunft besser bleiben mit deinem Trex-Spiel[13] und diesem Gockelgehabe. Gib mir mein Visum und dann komm am besten gleich mit mir mit nach Deutschland. Letzte Woche habe ich dich noch gerade so vor dem Botschafter der Demokratischen Republik Kongo bewahren können. Und jetzt los, her mit den Ofenkastanien."

Auf dem Dach der deutschen Botschaft

Schon seit einigen Tagen fühle ich mich deprimiert und habe zu nichts Lust. Gestern nach Feierabend dachte ich mir, ich könne einmal wieder einen Abstecher zur deutschen Botschaft machen. Wer weiß, vielleicht würde ich dort neuen Antrieb bekommen oder zumindest ein bisschen nette Gesellschaft finden.

Ich machte mich also auf den Weg ins Botschaftsviertel. Kaum war ich in die Straße der deutschen Botschaft eingebogen, sah ich auch schon von Weitem den deutschen Botschafter auf dem Dach stehen. Er entdeckte mich sofort, streckte seinen Kopf weit über die Brüstung und schrie zu mir herunter: „Abu Ritaaaaa! Du kommst ja wie gerufen! Na los, komm rauf! Die Tür steht offen. Ich muss dringend etwas mit dir besprechen!"

Ich dachte mir, oh Mann, was habe ich mir da wieder eingebrockt. Gott bewahre mich vor dir und deinen Einfällen! Ich stieg die Treppe hinauf, drei Stockwerke, dann hinaus aufs Dach. Der deutsche Botschafter war gerade dabei, zwei Bambusstühle und einen großen leeren Blechkanister mit der Unterseite nach oben aufzustellen. Wir setzten uns. Auf den Kanister stellte er eine Teekanne und zwei Gläser. Es folgten herzliche Begrüßungen und er schenkte mir ein Glas Tee ein, mit fünf Löffeln Zucker, wie ich ihn am liebsten trinke.

Er fragte mich, wie es mir inzwischen ergangen sei. Ob sich denn in Bezug auf meinen Visumsantrag schon etwas getan habe.

Ich nippte an meinem Tee, setzte das Teeglas ab, sah ihm fest in die Augen und sagte: „Machst du Witze? Hör mal, ich bin allgemein nicht in Redelaune, schon gar nicht, was das Visum angeht. Erzähl du lieber was. Was gibt's bei dir? Warum wolltest du mich sprechen?"

Er sagte nichts, stand nur auf, ging ans andere Ende des Daches und schlug bedeutungsvoll einen großen Vorhang von etwas zurück. „Was ist das denn? Ach, es ist aber auch immer dasselbe mit dir. Willst du nicht endlich mit diesem Unsinn aufhören? Haben dir die Tauben, als du damals Botschafter in Tunesien warst, nicht schon genug Kopfschmerzen bereitet? Wegen diesem Quatsch hat man dich doch überhaupt erst hierher nach Beirut versetzt. Unter der Voraussetzung, dass du für immer damit aufhörst. Heiliger Gott im Himmel. Du kannst es wohl einfach nicht bleiben lassen."

Er erwiderte: „Ja, ja, du hast ja recht. Aber jetzt lass uns bitte erst einmal einen Ausweg aus dem Schlamassel finden, in dem ich mich gerade befinde. Dann hör ich mir auch deine Standpauke an."

Ich sagte: „Also gut, ich höre."

Dann begann er zu erzählen. „Seit dem Tag, an dem man mich hierher versetzt hat, war ich felsenfest dazu entschlossen, das Taubenfliegen sein zu lassen.

Deshalb habe ich ja jetzt hier auch nur zehn Tauben im Schlag. Ich habe ihnen sogar vorsichtshalber immer wieder die Federn gestutzt, für den Fall, dass ich doch einmal schwach werden sollte. Jeden Morgen steige ich aufs Dach und sehe nach, ob alles mit ihnen in Ordnung ist, füttere sie und schaue ihnen ein bisschen zu. Nichts weiter.

Vor einer Woche kam meine Frau und brachte mir eine prächtige Taube von der Sorte ‚Deir ez-Zorer-Pirouettendreher'. Es war ein Belohnungsgeschenk, weil ich mich bisher so brav an die Regeln gehalten hatte und keine Taube mehr habe fliegen lassen. Und diese schöne neue Taube habe ich dann auch wirklich nur zu den anderen in den Taubenschlag gesetzt und kein einziges Mal herausgelassen. Wirklich. Bis auf gestern. Da hat mich der Teufel geritten. Ich dachte mir: Ich möchte wenigstens einmal sehen, wie sie aussieht, wenn sie fliegt. Wie sie am Himmel Pirouetten dreht. Da hab ich sie rausgelassen." „Ok, und dann?" „Ja, dann ist der Deir ez-Zorer Pirouettendreher losgeflogen und flog große Kreise am Himmel. Der reinste Wahnsinn, sag ich dir, Abu Rita. Einfach unglaublich. Nicht einmal bei der Flugzeugshow in Abu Dhabi bekommt man so etwas zu sehen!" Ich unterbrach ihn: „Ist ja gut. Und weiter? Was geschah dann?" Er fuhr fort: „Tja. Dann kam plötzlich der Schwarm des französischen Botschafters und flog mitten in meinen Schwarm hinein. Und als ich meinen Schwarm dann wieder herunterholte, war der Deir ez-Zorer Pirouettendreher nicht mehr dabei. Er war mit dem Schwarm des französischen Botschafters weggeflogen und kam nicht wieder zurück. Und jetzt hat der französische Botschafter mich einerseits entlarvt und mir andererseits meine schöne neue Taube geraubt. Und wenn meine Frau das jetzt rausfindet, bin ich tot. Ich flehe dich an, Abu Rita, ich brauche eine Lösung!"

Ich überlegte und sagte: „Gieß mir noch einen Tee ein und zünd mir eine Zigarette an. Also, mein Lieber. Morgen gehen wir beide als allererstes zusammen zum Taubenzüchtermarkt und da kaufst du dir hundert Tauben von allen möglichen Sorten. Mazhar-Tauben, Tikriter-Gurrvogel, Kazandi-Tauben, Maseef-Tauben, israelische und ägyptische Tauben. Die bringst du dann hierher und sperrst sie 15 Tage lang auf deinem Dach ein, ohne sie fliegen zu lassen. Füttere sie gut, damit sie sich das Dach der deutschen Botschaft gut einprägen. Dann such dir einen Tag aus, an dem der französische Botschafter nicht da ist, und dann lässt du den ganzen Schwarm kurz vor Sonnenuntergang fliegen. Lass sie so zehn Runden am Himmel drehen, und dann hol sie wieder runter. Damit sie sich das Dach und das Gebäude später merken. Wiederhol das Ganze ein paar Tage später. Und beim dritten Mal lass sie fliegen, wenn der Schwarm des französischen Botschafters am Himmel ist. Dein Schwarm ist dann der stärkere von beiden, und wenn du ihn wieder bei dir landen lässt, wird der eine oder andere Vogel des französischen Botschafters mitgezogen sein. Die fängst du dann ein, brichst ihnen den Hals und wirfst sie dem französischen Botschafter auf dem Dach seiner Botschaft vor die Füße. So wirst du deine Blutrache am französischen Botschafter genommen haben. Du wirst ihm damit ihm eine Lektion erteilen, die er sein Leben lang nicht vergessen wird." Da klopfte mir der deutsche Botschafter auf die Schulter und sagte: „Möge Gott dich mir erhalten, Abu Rita. Was würde ich nur ohne dich machen? Wenn das klappt, Abu Rita, werde ich meinen nächsten Sohn nach dir taufen lassen und dir ein zusätzliches Zeugnis ausstellen, das dir bei deinem Visaverfahren behilflich sein wird." Ich erwiderte: „Du immer mit deinen Zeugnissen. Ein Taubenzüchterzeugnis war genau das, was mir noch fehlte."„Ach ja", fiel ihm dann ein,

„und wegen meiner Frau und dem Deir ez-Zorer Pirouettendreher, was wollen wir da machen?" Ich antwortete: „Zieh dir was Ordentliches an und komm. Wir gehen jetzt ins Taubenzüchtercafé und lösen die Sache von dort." Er sagte: „Super. Haben die da auch WLAN? Dann würde ich nämlich mein iPad mitnehmen." Ich sagte: „Mach, was du willst, aber nimm dieses Klappmesser mit und lass es schön an deiner Hüfte stecken." Fragt der mich doch allen Ernstes, ob die dort WLAN haben.

Verwendung der Erlöse

Hiermit erkläre ich, dass ich jegliche Erlöse, die durch das geistige Eigentum an meinen Facebookposts im Jahr 2015 entstehen werden, an die Brathähnchenkrebs-Klinik im lieben Schwesterland Deutschland spenden werde, und ich ermutige jeden, meinem Beispiel zu folgen.

Investitionsplan

Ich schob gerade meinen Einkaufswagen durch die Lebensmittelabteilung der Shoppingmall, wollte Chips und Schokolade für meine Mädels kaufen, da sah ich, wie einer sich so komisch über die Regale beugte und dabei in ein kleines Notizbuch schrieb. „Den kenn ich doch von irgendwoher …", dachte ich mir. Ich hatte ihn erkannt. Ich ging näher an ihn heran und hörte, wie er vor sich hin murmelte: „Eine Tüte Chips: 500 Lira; eine Safttüte: 250 Lira; Kaugummikugeln: 250 Lira …" Dann stupste ich ihn leicht von hinten mit meinem Einkaufswagen an. Er hob seinen Kopf und dann lachte er: „Ach du bist's, lieber Abu Rita! Dich hab ich ja lange nicht gesehen! Genau genommen seit der Sache mit dem Deir ez-Zorer-Pirouetten-dreher." „Du sagst es, lieber Abu Jürgen! Was machst du denn hier? Ich schau dir schon eine ganze Weile zu, wie du dir Notizen machst. Du kaufst ja gar nichts ein." „Warte nur, warte. Komm mit zu mir in die Botschaft, dann erzähl ich dir alles von Anfang an." Und so war es dann auch, wir erledigten unseren Einkauf und fuhren im Minibus nach Dawra und von dort nahmen wir ein Taxi zur Botschaft.

Am Eingang angekommen fragte er mich: „Wollen wir uns reinsetzen oder lieber unsere Knochen hier in der schönen Sonne wärmen?" „Ganz wie du meinst, mein Lieber. Lass uns draußen sitzen." Da ging er hinein, holte eine Schaumgummimatratze und zwei Kissen und legte sie auf die Betonfläche neben dem Wächterhäuschen. „Verzeih, ich geh mich noch kurz umziehen", sagte Abu Jürgen, verschwand kurz in der Botschaft und kam in seinem blauen Polyester-Jogginganzug und den weißen Gummistiefeln wieder heraus. Er stellte die Shisha auf, setzte eine Kanne Mate-Tee auf den Botschaftsgaskocher und dann ließ er sich auf die Matratze plumpsen. Er platzierte die beiden Kissen in unserer Mitte, nahm ein paar Züge von der Shisha, dann reichte er sie mir weiter. Ich machte eine abwehrende Geste: „Du kennst mich doch, ich mag keine Shisha. Und jetzt erzähl mir, was du da in der Mall gemacht hast!" „Na ja", sagte er, „um es kurz zu machen, Bruder, die Sache ist die: Ich und meine Frau, die liebe Umm Jürgen, haben hier einen Sparverein gegründet. Mit den Angestellten der Botschaft sind wir insgesamt zwanzig Mitglieder, jeder zahlt 500 Dollar im Monat. Und nächsten Monat sind wir dran. Das heißt, wir werden zehntausend Dollar kassieren. Da haben wir uns gesagt, lass uns das gute Geld lieber investieren. Besser, als wenn wir's einfach verfressen und die Kohle mir nichts, dir nichts wieder weg ist." Ich sagte: „Aha. Und was ist euer Investitionsplan, wenn ich fragen darf?"

Er erzählte weiter: „Na ja, ich hab Umm Jürgen vorgeschlagen, dass wir einen kleinen Kiosk in der Botschaft aufmachen, mit Lebensmitteln und Zigaretten und Süßigkeiten. Kinderkram, und so weiter. So was Schlichtes, Sauberes, ohne viel Kopfschmerzen, weißt du? Was auch immer dabei herumkommt, soll uns recht sein. Na, was denkst du, Abu Rita?" „Hmmm", sagte ich. „Schenk mir erst einmal ein Glas Mate-Tee ein. Und schreck ihn mit einem Schuss kaltem Wasser ab, aber gieß es dann nicht ab. Und bitte gib mir ein anderes Trinkrohr, du weißt, ich mag das nicht, wenn andere schon damit getrunken haben. Also, mein Lieber. Was deine Idee betrifft: Das ist grober Unfug. Deine Investition ist zum Scheitern verurteilt und den Aufwand nicht wert. Komm, ich rechne es dir in allen Einzelheiten vor. Wieviel wirst du deiner Meinung nach am Tag einnehmen, sagen wir 100 Dollar?" „Na ja", sagte er „beispielsweise." Ich rechnete: „Das bedeutet, im Monat wären das 3.000 Dollar. Wenn du jetzt davon 2.000 Dollar Ausgaben für Waren abziehst, wieviel hast du dann noch übrig?" „Tausend", sagte er. „Davon musst du jetzt noch 600 Dollar Gehalt für den Verkäufer abziehen. … Denn, du glaubst doch nicht im Ernst, dass du einen findest, der für weniger als 600 den ganzen Tag lang in deinem Kiosk hockt!" „Stimmt auch wieder." „Da bleiben dir noch 400 Dollar. Was, offengesagt, ein Witz ist. Also, vergiss es."

Der deutsche Botschafter überlegte kurz, dann sagte er: „Ok, und was ist, wenn ich mich selbst täglich ein paar Stunden in den Kiosk setze? Und meine Frau die restliche Zeit?" „Sag mal, das ist doch jetzt nicht dein Ernst? Hast du eine Vorstellung davon, was dich da erwartet? Wenn die ganze Zeit Kinder rein- und rausrennen, von wegen ‚Ich will einen Kaugummi für eine Viertel-Lira!', und dann kommt der andere: ‚Ich will eine rote Safttüte mit Strohhalm! So eine, wie gestern mein Bruder auch gekauft hat!' Und dann find erst mal heraus, was gestern sein Bruder gekauft hat! Und dem einen läuft die Nase und der nächste hat sich in die Hose gemacht … All das abgesehen davon, dass irgendwann – und darauf kannst du Gift nehmen – der französische Botschafter neidisch werden wird. Der macht dann auch so einen Kiosk auf und wird nach und nach versuchen, deine Preise zu drücken. Schmink dir die Sache endgültig ab."

„Hmmm. Dann bleibt mir wohl nur noch der Vorschlag, den mir diese Niete von meinem Schwager gemacht hat: Wir kaufen uns ein Auto und setzen es als Taxi ein." Ich lachte los. Dann zog ich kräftig an meinem Mate-Trinkrohr und sagte: „Du brauchst gar nicht weiter zu reden: Schmink dir das ab. Das ergibt keinen Sinn. Schau, ich rechne es dir vor, in allen Einzelheiten. Also, wenn du das Taxi jeden Tag in zwei Schichten fahren lässt, hast du am Ende des Tages allerhöchstens 80 Dollar eingenommen, das macht 2.400 Dollar im Monat. Davon zieh 800 Dollar Benzin und 1.000 Dollar Gehalt für den Fahrer ab, weil er beide Schichten fahren wird. Dann kommen noch Versicherung, Strafen und Schmiergeld für die Polizei dazu, das heißt, am Ende bleiben dir nicht einmal zwei-, dreihundert Dollar. Abgesehen davon, dass sie dir dein Auto versauen und kaputtfahren werden. Merk dir, keiner passt so auf ein Auto auf wie sein Eigentümer."

Nach einer kurzen Denkpause sagte der deutsche Botschafter: „Aber ich habe auch einen Führerschein der Klasse B, ich könnte ja einfach jeden Tag nach Feierabend zwei, drei Fahrten machen." Ich sagte: „Bist du jetzt völlig übergeschnappt? Das ist aus-ge-schlossen, mein Freund. Der Diplomatenkodex verbietet dir, so einer Arbeit nachzugehen. Und wenn unser Freund, der französische Botschafter davon Wind kriegt, macht er dir einen öffentlichen Skandal." „Ich kann mir ja einen Turban aufsetzen und mein Gesicht mit einem Tuch verdecken." „Ja, klar. Setz dir doch gleich eine Zorro-Maske auf, das wird dann noch Mode unter Taxifahrern in Beirut. Hör mal, schlag dir das aus dem Kopf. …Tststs, erzählt der mir hier was von wegen Taxifahren!"

Ratlos fragte der Botschafter: „Na gut, aber was soll ich denn sonst machen? Wenn wir keine anständige Verwendung für das Geld finden, ist es bestimmt am Ende des Monats einfach weg." „Hör mal, dir bleibt eigentlich nur eine Option: Mach eine Immobilieninvestition." Skeptisch fragte er mich: „Wieso, gibt's etwa Häuser, die man für so einen kleinen Betrag kaufen kann, Abu Rita?" „Kaufen wirst du gar nichts. Komm, ich erklär's dir, in allen Einzelheiten. Du baust zwei Zimmerchen mit den dazugehörigen sanitären Anlagen auf dem Dach der deutschen Botschaft. Dann möblierst du sie mit Möbeln aus zweiter Hand vom Gebrauchtmarkt in Bir Hassan: Du kaufst einen Kühlschrank, einen Fernseher, eine Satellitenschüssel, ein paar Sofas, ein bisschen Geschirr. Und das Ganze vermietest du dann für so 1.000 Dollar im Monat. Dann baust du ihnen noch eine separate Treppe und einen eigenen Eingang, hinten an der Botschaft. Keiner wird etwas sehen, keiner sich empören. Und ich kenne einen geschickten Baumeister. Innerhalb von 24 Stunden hat er den Mörtel angerührt, das Haus gebaut und die Wände verputzt, so dass der französische Botschafter keine Zeit haben wird, dich beim Bauamt zu verpfeifen. Nein, mein Lieber, ich wüsste sogar schon einen Mieter. An jedem ersten des Monats zahlt er dir deine Miete auf den Cent genau, und du sitzt einfach nur da und schlägst die Beine übereinander. Aber vielleicht reicht dein Geld nicht ganz aus. Du bräuchtest wahrscheinlich noch ein paar Tausend Dollar zusätzlich." „Wie viel denn?" „So fünftausend." „Das krieg ich zusammen! Ich sag meiner Frau, sie soll ein bisschen von ihrem Gold verkaufen, und wenn dann noch was fehlt, dann leihe ich's mir eben. ... Könntest du uns eventuell etwas leihen, Abu Rita?"

Ich sagte ihm: „Gerne doch, lieber Abu Jürgen! Nur woher, das ist hier die Frage. Du kennst mich doch inzwischen in- und auswendig, weißt all meine Einnahmen und Ausgaben ... Komm, ich rechne es dir nochmal vor. In allen Einzelheiten." #delicious_german_viza

Das Visum, das ich möchte

Das Visum, das ich möchte:
Das ist eine Kopie des Visums, das mein Freund
vor Kurzem bekommen hat. Das gleiche will ich
auch. Nicht, dass mir dann morgen einer ein lila
Visum schickt oder eines mit Zitrone und Minze
oder eins, das mit Diesel fährt …
Ich will genau so eins. So und nicht anders.
#delicious_german_viza

Liebe syrische Mitbürger

Liebe syrische Mitbürger.
Fragt euch nicht, was die Staaten der Europäischen
Union für euch tun können. Fragt euch lieber: Was
können wir für Assafs Kampagne für das deutsche
Visum tun? [14]
#delicious_german_viza

Mein komplettes Lebenswerk

Bald … will sagen, eines Tages …
… wird mein komplettes Lebenswerk in deutscher
Sprache verfügbar sein. Und nein, es wird nicht in
jene sperrige Sprache übersetzt sein, mein komplettes Lebenswerk wird die volle Stundenzahl in
deutschen Schulen absitzen. Es wird in den ersten
Reihen des großartigen Brecht-Theaters sitzen
und eifrig mitfragen: „Warum haben ihre Dichter
geschwiegen?"[15] Mein komplettes Lebenswerk wird
die Symphonien Beethovens und Bachs mitsingen
und dabei ins Träumen geraten. Die Allianz Arena
in München und die in Dortmund werden von
seinem Jubel erfüllt sein.
Mein komplettes Lebenswerk wird Fausts wunder-
baren Schrei schreien: „Verweile doch, du bist so
schön."
Mein komplettes Lebenswerk … Rita und Nay.
#delicious_german_viza

Eines Tages

Eines Tages werde ich in Deutschland ankommen.
Und wenn es das Letzte ist, was ich in meinem
Leben tun sollte.
Auf den Schwingen eines Vogels, auf dem Land-
weg, übers Meer, auf einer Kutsche oder auf dem
Rücken eines Esels.
Das deutsche Visum ist ein Gedanke. Und Gedan-
ken sind unsterblich.
#delicious_german_viza

Taxifahrerin

Gestern, auf dem Heimweg, es war etwa 1 Uhr nachts, nahm ich mir ein Taxi. Die Fahrerin war eine Dame. Nach einer Weile kamen wir ins Gespräch und ich fragte sie, ob sie denn keine Bedenken habe, nachts als Frau allein zu arbeiten. Sie verneinte und wir redeten über dies und das. Jedenfalls, als ich ausstieg, überreichte sie mir eine Broschüre von den Zeugen Jehovas, mit der Adresse der Gemeinde und allem und sie sagte: „Lies dir das durch, und wenn du willst, schau doch einmal bei uns vorbei." Ich fragte sie: „Bist du von den Zeugen Jehovas?" Sie bejahte. Sie gab mir eine Telefonnummer, ich könne mich jederzeit bei ihr melden.

Und jetzt bin ich verwirrt. War das jetzt eine Verschwörung gegen meine Kampagne für das deutsche Visum oder einfach ein gewöhnlicher Missionierungsversuch?

Übrigens, frohe Weihnachten euch allen.

Telefonat mit dem Botschafter

Heute habe ich den Botschafter angerufen, um ihm zu Weihnachten zu gratulieren. Er war sehr herzlich und sagte: „Wir sind gerade von der Christmette zurückgekommen, Abu Rita. Beim Leben Jesu des Messias und seiner Auferstehung, ich schwöre, ich habe von ganzem Herzen dafür gebetet, dass du dein Visum bekommst. Ich habe dir eine Kerze angezündet und meine Frau hat gelobt, sie werde einen Monat lang das Gewand der Heiligen Jungfrau Maria tragen, damit sich dein Traum verwirklicht." Ich sagte: „Genug, genug! Ich muss jetzt auflegen. Meine Augenbrauenhaare haben sich schon vor lauter Rührung aufgestellt. Ich kann nicht mehr. Sag mir nur eins: Hast du die Kerze mit dem silbernen Feuerzeug angezündet, das du neulich dem französischen Botschafter geklaut hast?" Er bejahte. Da sagte ich ihm: „Einen Teufel, dass ich dieses Visum bekommen werde!" #delicious_german_viza

Checkpoint

Vor Kurzem wurde ich ohne jegliche Dokumente, die meine Identität bestätigen könnten, an einem Checkpoint angehalten. Der libanesische Soldat steckte seinen Kopf zum Autofenster herein und fragte mich: „Libanese?"

So laut ich nur konnte und mit all meiner Verzweiflung und Leidenschaftslosigkeit sagte ich: „Syyyyyrer."

Er fragte zurück: „Bist du legal hier?"

Mit der selben lauten Stimme antwortete ich: „Aber natürlich!" … Er ließ mich einfach weiterfahren.

… Dieses Leben öffnet seine Arme den Verzweifelten, den Lügnern, den Besitzern lauter Stimmen …
… und natürlich den Besitzern deutscher Visa.
#delicious_german_viza

Brüder

Gestern Abend sagte der deutsche Botschafter
nach dem zweiten Drink zu mir: „Weißt du, Abu
Rita, ich habe Angst. Ich habe Angst, dass du mich,
wenn du erst einmal dein Visum bekommen hast
und in Deutschland bist, einfach vergisst!!"
Ich sagte ihm: „Och, sag doch sowas nicht! Du
brichst mir das Herz. Du bist doch wie ein Bruder
für mich. Gib mir ein wenig Zeit, erst einmal meine eigene Situation in den Griff zu kriegen, und ich
schwöre dir, dann hole ich dich nach, per Famili-
enzusammenführung."
#delicious_german_viza

Stammestum im Vorderen Orient

Heute Morgen klingelte mein Handy. Es war der deutsche Botschafter: „Hast du heute schon etwas vor, Abu Rita? Meine Frau ist gerade mit den Kindern ins Einkaufszentrum, sie werden erst gegen Abend zurückkommen."

Ohne lange zu überlegen, antwortete ich ihm: „Nein, ich hab noch nichts vor. Ich mache mich gleich auf den Weg zu dir!"

Ich fuhr also zur deutschen Botschaft und ging direkt ins Büro des Botschafters.

Dort saß er, in einem zerknautschten Anzug, sichtlich übernächtigt, der ganze Schreibtisch vollgestellt mit Kaffeetassen und Whiskygläsern. Ich fragte ihn: „Ist alles in Ordnung bei dir? Was ist denn los? Du siehst aber mitgenommen aus! Deine Augen sind ja ganz verquollen! Als hättest du ein Jahr lang nicht geschlafen!"

Etwas fahrig antwortete er: „Ich habe ja auch nicht geschlafen. Seit gestern sitze ich hier am Schreibtisch und bin immer noch nicht mit meiner Arbeit fertig. Ich habe gestern angefangen, ein Buch über das Stammestum im Vorderen Orient zu lesen. Ich konnte es einfach nicht mehr aus der Hand legen, ich musste es zu Ende lesen. Woher kommst du eigentlich, Abu Rita?" „Na, woher wohl. Aus Syrien. Deir ez-Zor. Wieso fragst du?" Ohne meine Frage zu beantworten, fragte er weiter: „Ihr seid doch da auch in Stämmen organisiert, stimmt's? Das habe ich nämlich so gelesen, dass das bei dir in der Region so ist." Ich sagte ihm, dass das im Großen und Ganzen schon so richtig sei, dass es da aber auch noch die Stadtbewohner gäbe. „Das ist eine komplizierte und schwer durchschaubare Angelegenheit … Warum zerbrichst du dir den Kopf darüber? Was mich betrifft, kann man grob sagen, dass ich einem großen Stamm namens al-Agedat angehöre, der über das ganze Euphratgebiet verstreut lebt, von Aleppo bis nach al-Bukamal an der irakischen Grenze."

Der Botschafter, der mich konzentriert musterte, fuhr fort: „Wusstest du, dass meine Großmutter väterlicherseits ihrerzeit eure Region besucht und sogar dort gewohnt hat, fast ein ganzes Jahr lang? Sie war damals mit einer deutschen archäologischen Delegation nach Syrien gereist. Das war vor etwa 75 Jahren. Derzeit war sie, wie mein Großvater auch, im Pergamon-Museum in Berlin angestellt. Die beiden hatten sich auf der Arbeit kennengelernt und leidenschaftlich ineinander verliebt. Einmal jedoch hatte es einen großen Streit gegeben, woraufhin sie sich kurzerhand trennten. Meine Oma brauchte Abstand und beschloss, für Ausgrabungen nach Syrien zu fahren, genauer gesagt nach Deir ez-Zor."

An dieser Stelle zuckte ich unwillkürlich zusammen und mir entfuhr ein kurzer Schrei: „Nein!

Uff! Erzähl weiter, jetzt wird's aber spannend! …
Aber gib mir zuerst etwas zu trinken. Erzählst mir
hier die ganze Zeit etwas von Stammeskultur und
bietest mir nicht mal im Sinne nomadischer Gast-
freundschaft was zu trinken an. Ich hätte gern ein
Gläschen Arak, halb Wasser, halb Schnaps. Und
mit viel Eis, bitte."

Geräuschvoll stellte er ein volles Glas Arak vor
mich auf den Tisch. „Bitte sehr, mein Lieber." Und
dann fuhr er fort: „Meine Großmutter hatte be-
schlossen, sich ab dem Moment ihrer Ankunft in
Syrien voll und ganz in die Arbeit zu stürzen, um
meinen Großvater zu vergessen.

Natürlich fand sie alles dort erst mal ganz
schrecklich: anstrengende Arbeit, üble Arbeits-
bedingungen, die Hitze, der Staub, all das." Ich
unterbrach ihn: „Willst du mir etwa sagen, dass
sie nicht dem Zauber des Orients verfallen ist
und dieser ganze Unsinn?" Er winkte ab: „Einen
Scheißdreck, von wegen Zauber. Sie fand alles
einfach nur furchtbar. Bis dann eines Tages eine
Gruppe von Nomaden kam und sich mitsamt
ihrer Schafe, Pferde und Zelte neben dem Sitz der
Delegation niederließ. Du weißt ja sicher, dass
diese Nomaden im Frühling und im Sommer raus
in die Steppe ziehen, um ihre Schafe zu treiben."
„Natürlich weiß ich das. Und weiter?" Er fuhr fort:
„Jedenfalls freundeten sich diese Nomaden nach

und nach mit der Delegation an. Sie brachten ihnen Milch, Joghurt und Fleisch vorbei und gaben ihnen sogar Reitunterricht. Unter ihnen war ein junger Mann, der so schön und stattlich war, dass ‚selbst seine Schwester über beide Ohren in ihn verknallt war', um es mit den Worten meiner Großmutter zu sagen. Der junge Mann besaß eine Stute und ein Fohlen. Und interessierte sich für meine Großmutter. Anscheinend gefiel sie ihm. Dann schenkte er ihr sein Fohlen, worüber meine Oma sich riesig freute. Sie fühlte plötzlich, dass ihr Leben und ihr Schicksal unwiderruflich mit dem des Tieres verbunden waren. Sie nahm sich seiner aus vollem Herzen an, verbrachte ihre ganze Zeit mit ihm und vergaß darüber alles Übrige: meinen Opa, die Archäologie, die Delegation, alles. Du weißt ja, wie das ist, wenn eine Frau sich in eine Sache verbeißt. Jedenfalls, um es kurz zu machen, kam eines Tages eine Gruppe Beduinen angereist. Die raubten das Fohlen und hauten damit ab. Meine Oma drehte völlig durch. Sie klagte laut und bewarf ihr Haupt mit Erde …" Hier musste ich ihn unterbrechen: „Moment mal. Und du bist dir sicher, dass deine Oma eine deutsche Archäologie-Expertin war und nicht etwa ihre Erziehung unter Stadtbeduinen in Deir ez-Zor genossen hat?"

Der Botschafter ging nicht darauf ein. „Wie auch immer, Abu Rita: Jedenfalls zog dann dieser junge

Mann los und blieb zwei ganze Tage lang weg. Dann kehrte er zurück mitsamt dem Fohlen. Und nun stell dir einmal vor, Abu Rita, wie meine Oma sich dann gefreut hat! Aus voller Kehle gejubelt hat sie, als sie ihr geliebtes Fohlen wiedersah! Und einen Tag später wurde sie die Braut jenes jungen Mannes und er ihr Bräutigam und sie lebte an seiner Seite die schönsten neun Monate ihres Lebens, wie sie das bis an ihr Lebensende zu sagen pflegte. Der junge Mann allerdings wurde dann von der Pest dahingerafft. Du erinnerst dich doch sicher noch an das Jahr der Pest in Deir ez-Zor, oder?" Ich sagte, voller Erstaunen über soviel Insiderwissen bei dem deutschen Diplomaten: „Ja, klar! Fehlt nur noch, dass du mir jetzt noch was vom Jahr der Hungersnot oder dem Jahr der sieben Schneefälle erzählst!" „Nach seinem Tod kehrte meine Oma zurück nach Deutschland. Dort unternahm mein Opa viele Versuche, sich ihr wieder anzunähern und sich mit ihr auszusöhnen. Bis sie letztendlich einwilligte, ihn zu heiraten. Und so lebten sie gemeinsam und bekamen meinen Vater und meine Tanten. Aber mein Großvater wurde noch bis an sein Lebensende eifersüchtig, wenn meine Oma ins Schwärmen geriet über jenen jungen Mann, den sie damals in Deir ez-Zor geheiratet hatte. So sehr, dass er seinetwegen Araber, Syrien, Deir ez-Zor, Pferde und alles, was er irgendwie

mit diesem Mann assoziierte, abgrundtief hass-
te. Als er im Sterben lag, vertraute er mir seinen
letzten Wunsch an: ‚Wenn du dich weiterhin mein
Enkelsohn nennen willst, dann musst du mich
rächen, damit meine alten Knochen im Grab Ruhe
finden.‘ … und jetzt sitze ich hier, lieber Abu Rita,
und lese über die Geschichte jener Region, auf der
Suche nach einer Spur, die mich zu diesem Mann,
beziehungsweise seinen Kindern und Kindeskin-
dern oder irgendeinem seiner Verwandten führen
könnte, damit die Seele meines Großvaters endlich
in Frieden ruhen kann.“

Ich fragte ihn: „Hat deine Großmutter je den
Namen ihres Geliebten erwähnt?“ „Ja, natürlich. Er
hieß: Asav. Aber wir kennen weder seinen Nach-
namen noch den Namen seines Stammes.“

Ich fragte ihn: „Heißt deine Großmutter zufällig
Anita? Hatte sie ein Muttermal, rechts an ihrem
Hals? Und hat sie ihr Fohlen damals Raffa ge-
tauft?“

Erstaunt rief der Botschafter aus: „Ja! Gott, woher weißt du denn das alles?“ In plötzlich listigem
Tonfall fragte er: „… Apropos Abu Rita, wie lautet
eigentlich dein voller Name?“

Ich antwortete ihm: „Assaf al-Assaf.“ Darauf
er, nachdenklich: „Nun, in deutscher Umschrift
könnte daraus durchaus ‚Asav‘ geworden sein.
… Dieser Mann könnte also dein Großvater oder

zumindest ein Verwandter von dir sein!" Plötzlich leuchteten die Augen des Botschafters auf, wurden feuerrot und sein Gesicht bekam etwas Wildes. Mit einem Satz sprang er hinter seinem Schreibtisch hervor und stürzte sich auf mich. Ich floh, durch das Büro rennend, und er stürzte mir hinterher und schrie: "Jetzt oder nie! Friede der Seele meines Großvaters!", und ich schrie meinerseits: "Aber beruhig dich doch, mein Freund! Was ist denn in dich gefahren?" Und er: "Niemals!!!! *There Will Be Blood!*"

Bis er sich schließlich erschöpft in seinen Schreibtischsessel plumpsen ließ und mich keuchend fragte: "Na? Was sagst du dazu? Gar nicht so übel, meine Performance, oder?" Ich antwortete: "Na ja, schon ok, aber völlig überzogen! Du übertreibst, verstehst du? Das macht sich nicht gut in meinen Statusmeldungen über das deutsche Visum. Meine Follower sind allesamt kluge Leute, die stehen nicht auf so reißerische Szenen. Bleib das nächste Mal einfach natürlich."

Darauf der deutsche Botschafter: "Ok, sollen wir das Ganze noch einmal durchspielen?" Ich entgegnete: "Nein, nein, das reicht. Ich korrigiere das nachher im Schnitt. Aber lass das in Zukunft mit diesen Übertreibungen. Versuch, dich normal zu verhalten. Das wirkt überzeugender."

Kurze Pause der Kampagne

Die Kampagne für das deutsche Visum wird über die Silvesterferien aufgrund von Wartungsarbeiten am deutschen Botschafter aussetzen, auf dass er zum Jahresbeginn in verbesserter Form wiedererscheint.
Der französische Botschafter bleibt weiterhin in Teilzeit anwesend.
#delicious_german_viza

Terminfragen

Gestern, bei der Party, sagte eine Freundin zu mir: „Assaf! Willst du, dass ich dir einen Termin mit dem deutschen Botschafter klarmache?"
Darauf ich: „Puh, also momentan eher nicht … Ich habe gerade zu viel zu tun. Die Kampagne beansprucht einfach all meine Zeit."
#delicious_german_viza

Ein deutscher Traum

Ich bin gerade aus einem Traum aufgewacht, den ich komplett auf Deutsch geträumt habe. Das heißt: Ich habe den ganzen Traum über fließend Deutsch gesprochen. Obwohl ich in Wirklichkeit nur drei Ausdrücke dieser Sprache kenne: „Ich liebe dich", „Mitternacht" und „Danke".
Morgen früh werde ich den Traum an die deutsche Botschaft schicken und ein Traumdeutungsvisum beantragen.
Ich habe nur Angst, dass sie antworten werden: „Okay. Legen Sie sich sofort schlafen. Wir werden Ihnen das Visum per Eiltraum zusenden."
#delicious_german_viza

Der Stern Bayerns

Eine Freundin von mir hat mir soeben den Lebenslauf der ehemaligen deutschen Botschafterin im Libanon geschickt. In den kommenden Tagen werden wir uns freuen, Eure Exzellenz, die ehemalige Frau Botschafterin, Ritterin in glänzender Rüstung, Besitzerin langwimpriger Augen, Stolz der deutschen Diplomatie, die Holde, die Kinderreiche, der Stern Bayerns und seines Umlands unter Berücksichtigung der Zeitverschiebung, die Fallschirmspringerin, die stramme Säule, die Ingenieurin Gertrude, als Ehrengast bei unserer Kampagne zu haben.
Wartet nur ab.
#delicious_german_viza

Nachricht auf Ausländisch

Als ich heute auf Facebook ging, war in meinem Postfach eine Nachricht, die komplett auf Ausländisch geschrieben war und voller Zahlen. Ich dachte mir, das ist bestimmt wieder eine dieser Nachrichten, wie wir sie alle schon einmal empfangen haben, von der Sorte „Mein im Senegal verstorbener Großvater hat mir ein Erbe von zwölf Millionen Dollar hinterlassen. Deshalb möchte ich jetzt bitte deine E-Mailadresse und eine Kopie deines Passes, damit wir uns das Erbe teilen können, du und ich."

Ich wollte sie gerade löschen, da sah ich, dass irgendwo am Ende „Abu Rita" in lateinischen Buchstaben stand. Ich öffnete sie und versuchte, ein wenig darin zu lesen. Da stellte sich heraus, dass sie vom deutschen Botschafter war. Ich schrieb ihm sogleich: „Rede bitte Arabisch mit mir, wenn du willst, dass ich dir antworte! Und tu nicht immer so polyglott, von wegen du sprichst Fremdsprachen! Überhaupt, seit wann kommunizierst du mit mir über Facebook? Da hat der Bengel wohl endlich geheiratet und droht schon mit Scheidung." [16] Er antwortete: „Wir in Deutschland sagen das so: Da hat die Mücke wohl 'nen Kiosk eröffnet und macht jeden Tag ab Mittag Feierabend. Ich bin immer noch im Urlaub in Deutschland und habe nicht genug Guthaben auf dem Handy, um dich anzurufen, deswegen schreibe ich dir hier. Ich will dich um einen Gefallen bitten. Könntest du mir ein Stündchen deiner Zeit geben? Es ist dringend, ich brauche deine Hilfe." Ich erwiderte: „Wenn's unbedingt sein muss, was gibt's denn?"

Er erklärte: „Ich sitze hier gerade mit dem deutschen EU-Komissar, einem Experten vom Auswärtigen Amt für syrische Angelegenheiten, dem Vorstand des Bundesamts für Migration und Flüchtlinge und einem Vertreter des Ministeriums für Soziales und Arbeit in einer Ferienvilla an der Ostsee. Unsere Frauen und Kinder haben wir in Berlin gelassen. Gerade hat der Experte für syrische Angelegenheiten gesagt, es sei höchste Zeit, dass wir mehr über die Syrer, über ihre Denkweise und ihre Mentalität erfahren. Nur so können wir Probleme richtig identifizieren und anschließend lösen. Besonders da unser Land inzwischen völlig überlastet ist mit syrischen Flüchtlingen. Er hat vorgeschlagen, bei Facebook anzufangen. Wir sollen uns das syrische Facebook ansehen: Was geschieht da? Was für Orientierungen gibt es?

Da hatte ich einen Einfall. ‚Ich hab's!' sagte ich dem Experten für syrische Angelegenheiten. ‚Es gibt nur einen, der uns da helfen kann. Unser Mann heißt Abu Rita. Er wird unsere Brücke nach Syrien sein. Er ist der Schlüssel und das fehlende Bindeglied.' Langer Rede kurzer Sinn: Ich möchte, dass du mir ein paar deiner Freunde auf Facebook vorstellst, anhand derer wir all das erörtern können, was ich dir eben erklärt habe." Ich sagte ihm: „Na, das ist einfach. Willst du, dass ich dir eine Liste zusammenstelle und sie dir anschließend schicke, oder wie sollen wir's machen?" Er sagte: „Nein. Schlag sie mir hier vor. Jetzt sofort. Was du heute kannst besorgen, das verschiebe nicht auf morgen, Abu Rita." Ich sagte ihm: „Gut, ich werde jetzt meine Freundesliste durchforsten und dir einen nach dem anderen vorschlagen." Und so geschah es dann auch. Ich öffnete meine Liste und fing mit meinen Vorschlägen an: „Mustafa Dscharaf." Kurz danach schrieb mir der Botschafter zurück: „Abu Rita, auf Mustafas Profil stehen nur Analysen über Bauernrevolution, machtlose Mittelschicht, den 18. März, die ‚Heimat angesichts ihrer letzten Entstehungschance' und ähnlicher Quatsch. Bitte verschon mich mit sowas." Ich schrieb ihm: „Ok. Yassin Al Haj Saleh." Darauf er: „Ich bitte dich, bleib uns bloß mit dem Doktor und seinen Feinden fern! Außerdem ist die Bundesregierung sowieso nicht gut auf ihn zu sprechen, seit er es damals vorgezogen hat, sich in der amerikanischen Botschaft in Damaskus zu verstecken[17] und nicht bei uns." „Ayham Majid Agha." „Also wirklich, Abu Rita. Wer hat schon die Zeit, sich sein Geplänkel über ‚Abbas und Lachen' durchzulesen! Außerdem lebt Ayham schon längst hier bei uns in Deutschland. Komm schon, mach weiter." „Sakher Haj Hussein." „Sag mal, willst du mich etwa vor meinen Kollegen blamieren, Abu Rita? Wenn wir uns heute auf den einlassen mit seiner scharfen Zunge, wird er später wohl kaum davor Halt machen, über uns herzuziehen. Nach dem Motto: ,Was? Ihr wollt Botschafter sein? Schaut euch doch mal die Botschafter in Hollywood an, das nenn ich Botschafter!' Und dann dichtet er uns noch eine bäuerliche Herkunft an und zieht uns damit auf. Vergiss es!" „Hossam al-Qatelbi." „Hossam ist Brasilianer, will sagen, Holländer. Außerdem hat er auch ein extrem freches Mundwerk. Verschon uns damit!" „Kanan Qaudscha." „Den rühr mir bloß nicht an! Morgen will der dann noch auf Teufel komm raus eine Verbindung zwischen mir und dem Kalifen al-Bagdadi entdeckt haben. Lass bloß die Finger von dem." „Maamoun al-Sharaa." „Maamoun sitzt in den Emiraten, den will ich nicht als Facebookfreund. Außerdem werden die Frauenfotos, die er postet, die Aufmerksamkeit der gesamten Bundesregierung auf sich ziehen. ... Allerdings könntest du mir seine Handynummer schicken, da wäre ich dir dankbar."

„Firas al-Daman." „All seine Posts fangen an mit ,Die Barfrau hat gesagt ...' und ,Die Barfrau hat gemacht ...' ... Ich will endlich ein Foto von dieser verdammten Barfrau sehen! Vielleicht geben wir ihr einfach ein Visum nach Deutschland, damit

sie endlich ihre Ruhe hat von diesem ‚hat gesagt'
und ‚hat gemacht'." „Malath al-Zoabi." „Oh Gott,
bloß nicht! Am Ende findest du mich dann noch in
einem seiner Schmähportraits etwa als bayerische
Stripteasetänzerin oder als preußische Kabarettda-
me oder als Berliner Mauertussi. Möge Gott ihm
beistehen und ihn uns vom Leib halten." „Hakam
al-Baba." „Au ja, der Hakam ist ein berühmter
Schriftsteller. Den adde ich doch gleich mal. … Wie
bitte?! Der hat mich ja sofort blockiert! Ich hätte
es besser wissen sollen. Der soll ja schon vor mir
dreizehn Botschafter und fünf Minister blockiert
haben, nur wollte ich es immer nicht glauben.
Darauf hätte ich selbst kommen können." Ich sagte
ihm: „Recht geschieht's dir! Akkad al-Jabal." „Abu
Rita, wie sollen wir da mitlesen, bei der Unmenge
von Statusmeldungen, die der die ganze Zeit postet,
kommt ja nicht einmal ein Mercedes hinterher!
Bitte nicht der." „Kendsch Dandadschi." „Nein,
kommt nicht in Frage. Wenn ich den adde, seh ich
bestimmt eines Tages einen Post, in dem er schreibt:
‚Der schönste Morgen ist der, an dem du aufwachst
und dich neben der Frau des deutschen Botschafters
wiederfindest.' Vergiss es." „Ahmad al-Assaf." „Ach,
komm schon, den nennst du doch jetzt nur, weil er
dein Bruder ist. Außerdem sind wir mit Rita und
Nay schon vollkommen überfordert, dann müssten
wir uns jetzt noch mit Balkis, Baibars und Furat,

diesem kleinen Pupser herumschlagen. Außerdem hätte es mir gerade noch gefehlt, wenn meine Kinder jetzt schon das Rauchen lernen. Kommt gar nicht in Frage." „Lukman Derki." „Pffff, dann müssen wir uns die ganze Zeit seine Posts über Tourismus und Facebooktum antun. Der nächste bitte, Abu Rita." „Also, viel mehr hab ich jetzt auch nicht. Aboud Saeed." „Hör mal, ich habe gesagt Syrien und Facebook und Orientierungen, nicht das Gemeindeamt von Manbidsch." „Azad Othman." „Ach nee, dann müssen wir die ganze Zeit Banalitäten lesen wie ‚Der Flughafenangestellte Azad Othman wurde heute vom Flughafen Aleppo entlassen.' Glaubst du nicht, wir haben etwas Besseres zu tun?" „Dhaher Aita." „Das kann doch nicht dein Ernst sein, Abu Rita! Sag doch mal was Vernünftiges!"

„Moas al-Chatib [18]." „Nicht einmal Boris Becker könnte bei einem Schlagabtausch mit unserem ehrbaren Scheich mithalten. Wie die Damaszener zu sagen pflegen: Ist nicht." „Alaa Tarqadschi." „Herrgottnochmal, Abu Rita! Du lieber Himmel, bloß der nicht!" „Hör mal, Bruder, langsam nervst du! Immer, wenn ich dir einen Namen nenne, ziehst du eine Schnute und bemängelst irgendwas. Was willst du eigentlich? Sag mir doch einfach, was du willst!" Er sagte: „Du bist aber auch echt unmöglich, Abu Rita! Wir sagen dir ‚Orientierungen' und so weiter und alles, was du vorschlägst, sind Männer!

Nicht ein einziger Frauenname! So ein hübscher Mädchenname, der einem das Herz erwärmt … Willst du etwa, dass unsere Bundesregierung am Ende noch über dich sagt, du seist ein Sexist und hättest keinen blassen Schimmer von Genderfragen? FRAUEN, Abu Rita. Wenn wir im Deutschen ‚Orientierungen' sagen, meinen wir damit Frauen." „Achsooo! Sag das doch gleich! Du willst also sagen, ihr habt eure Frauen zu Hause gelassen und seid jetzt auf der Suche nach neuen ‚Orientierungen'?" Darauf er: „Ganz genau." „Ok, dann warte kurz." Ich verließ für einige Minuten den Chat, und als ich wieder da war, fragte ich ihn: „Sag mal, du kennst doch bestimmt die Fernsehserie *Das Heulen des Wolfes*, oder?" Er sagte: „Klar, das ist doch diese Serie mit Salah Qassas, wo er in der Rolle von Abu Omar sagt: ‚Tausend Galgenstricke, aber niemand wird sagen können, dass Abu Omar ein Verräter war, oh Khadija.' Ich sagte ihm: „Prima. Dann steh gleich mal auf und mach die Tür auf. Khadija und der Rest der Rasselbande stehen schon davor. Ich habe deiner Frau und den restlichen Ehefrauen unseren halben Chat und die Adresse eurer Ferienvilla geschickt."

Orientierungen also, he? Könnte euch wohl so passen, ihr Vögel!
#delicious_german_viza

Ich bin genervt

Ich bin genervt von allem. Von den Reiseplänen,
dem Visum und der Warterei. Ich werde diesen
ganzen Irrsinn jetzt beenden.
Los, ich will Deutscher-Botschafter-Karikaturen!

Interview mit Libération

Das Telefon klingelte, es war der Botschafter, ich sagte ihm: „Alter, ich stehe im Taxi vor der Botschaft. Ich wollte gerade bei dir vorbeischauen und Hallo sagen und mich ein bisschen zu dir setzen. Dachte mir, vielleicht hast du ja Neuigkeiten, was das Visum betrifft." Er antwortete: „Du bist mir immer herzlich willkommen, lieber Abu Rita!"

Ich ging also direkt in sein Büro. Als ich hereintrat, gebot er mir wortlos mit einer Handbewegung, mich hinzusetzen und kurz zu warten. Außer uns waren im Büro zwei Männer. Der eine stand und drückte pausenlos auf den Auslöser seines Fotoapparats, während der andere saß und den Botschafter interviewte. „Eure Exzellenz, Herr Botschafter. Ist es wahr, dass Sie aufgrund schwerer Differenzen mit Ihrer Regierung und deren Außenpolitik im Nahen Osten im Begriff sind, von Ihrem Amt zurückzutreten? Es wäre toll, wenn Sie diesbezüglich den Lesern der Zeitung *Libération* eine Exklusivmeldung abgeben könnten."

Der Botschafter antwortete: „Abrakadabra. ... Nein, das ist nicht wahr. Das ist ein Gerücht, und ich weiß auch ganz genau, wer es in Umlauf gebracht hat."

Damit war das Interview beendet und die Herren verließen das Büro.

Der Botschafter wandte sich an mich: „Entschuldige, Abu Rita, dass ich dich erst jetzt richtig begrüße, ich war eben noch beschäftigt."

Ich antwortete: „Überhaupt kein Problem, aber bitte, sag mir: Was sollte denn dieses ‚Abrakadabra' am Anfang des Satzes? So etwas sagt doch kein Botschafter der Welt in einem Interview mit einer respektablen Zeitung wie dieser!"

Darauf er: „Ich musste es sagen. Dieser Tage nehmen die Gerüchte, die über mich kursieren, immer mehr zu, und ich habe, ehrlich gesagt, den Verdacht, dass hinter all dem der französische Botschafter steckt. Glaub mir: Er war es, der diese Journalisten heute in mein Büro geschickt hat, damit sein Gerücht bis zu mir vordringt." Ich entgegnete ihm: „Das ist ja alles schön und gut, aber du hast mir meine Frage immer noch nicht beantwortet. Warum hast du ‚Abrakadabra' gesagt?! Du hättest diese Frage ja auch einfach umgehen können." Der deutsche Botschafter versank in Gedanken, schien sich zu winden und schließlich sagte er: „Was ich dir jetzt sagen werde, bleibt unter uns, ja? Ich habe das Gefühl, der französische Botschafter hat einen Zauber über mich verhängt. Seit einer Woche geht es mir nun schon schlecht und mir passieren ganz seltsame Dinge. Ich habe ständig Kopfschmerzen und leide plötzlich an Vergesslichkeit. Ich schaff es sogar nicht einmal mehr … Ich

81

schaff es sogar nicht einmal mehr, mit meiner Frau … du weißt schon. Und das sind alles Anzeichen von schwarzer Magie, Abu Rita! Und zwar schwarze Magie von der Sorte, die du, hat sie dich einmal erwischt, nur noch mit äußersten Anstrengungen wieder brechen kannst.

Und der wichtigste Schritt bei einem solchen Zauber ist es, ein Gerücht über den Verzauberten in Umlauf zu bringen und anschließend sicher zu gehen, dass es ihn erreicht hat. Deshalb musste ich ‚Abrakadabra' sagen: Um zu verhindern, dass der Zauber mich trifft! Aus demselben Grund trage ich übrigens auch meine Unterwäsche gerade verkehrt herum, rein prophylaktisch." Da stand er auf und zeigte mir am Saum seiner Boxershorts, dass er sie nach außen gedreht trug. Ich konnte es nicht fassen. „Was soll denn dieser ganze Hokuspokus? Was sind das für Ammenmärchen, die du hier von dir gibst! Ich bitte dich, werd wieder vernünftig! Geht's noch, Abrakadabra? Umgedrehte Unterhosen!"

Der Botschafter argumentierte: „Gut. Und wie erklärst du dir dann bitte, dass ich gestern vom Fenster meines Büros aus eine durch und durch rabenschwarze Katze gesehen habe, die am Haupteingang der Botschaft vorbeilief? Und vor zwei Tagen habe ich in einem abgelegenen Winkel im Innenhof ein schmutziges, eingewickeltes, verschnürtes Etwas gefunden. Und der Hausmeister der Botschaft hat im Badezimmer unterm Waschbecken ein Haarbüschel gefunden! Das sind alles ganz eindeutige Anzeichen von schwarzer Magie! Und ich sag dir, hinter all dem steckt der Franzose." Verschwörerisch senkte er seine Stimme. „Du weißt doch, dass er, bevor er hierher versetzt wurde, in Marokko Botschafter war. Da hat man ihn ganz bestimmt in die Magie eingeweiht. Keine Magie ist so stark wie die der Marokkaner, möge Gott sie bloß von uns fernhalten."

Ungerührt sagte ich ihm: „Also, mal ganz ehrlich? Ich finde das alles, offen gesagt, nicht sehr überzeugend. Eine weggeworfene Windel im Hof, ein Haarbüschel im Badezimmer, ich bitte dich: Jeden Tag gehen hier in der Botschaft die unterschiedlichsten Menschen ein und aus. Da ist es doch normal, dass eine Mutter ihrem Baby die Windeln wechselt und die dreckige Windel dann irgendwohin wirft oder dass jemand mit Haarausfall das Bad benutzt. Mach dich nicht verrückt. Nimm dir ein paar Tage Urlaub, entspann dich ein wenig, dann wird's dir auch wieder besser gehen."

Er sagte: „Komm, lass mich dir eine kleine Anekdote erzählen. Und dann kannst du dich selbst davon überzeugen, dass es auf dieser Welt sehr wohl Magie und Hexerei gibt." „Na gut, schieß los. Bekehr mich", sagte ich. „Also, mein lieber Abu Rita. Als wir klein waren, ich war damals viel-

leicht zehn und meine Schwester acht Jahre alt, ist
Vater mit uns in den Sommerferien nach Marokko
gefahren. Eine ganze Woche verbrachten wir in
einem marokkanischen Bergdorf. Eine atembe-
raubend schöne Gegend. Einmal spielten ich und
meine Schwester auf dem Gehweg draußen vor der
Haustür. Da kam ein Mann daher: barfuß, in einer
alten, zerrissenen Gallabiya [19], die nur bis kurz über
seine Knie reichte. Er stützte sich auf einen Stock,
an dem ein Bündel hing. Plötzlich blieb er vor
meiner Schwester stehen und blickte sie lange an.
Da bekam meine Schwester Angst und schrie. Das
wiederum hörte meine Mutter, die sogleich aus dem
Haus gerannt kam, um den Mann zu vertreiben.
Doch der Marokkaner sagte zu ihr: ‚Fürchte dich
nicht. Ich sehe mir nur gerade die Zukunft deiner
Tochter an‘, was meine Mutter natürlich noch mehr
verstörte, doch konnte sie der Versuchung, nach der
Zukunft ihrer Tochter zu fragen, nicht widerstehen.
Da sagte ihr der Marokkaner: ‚Ich sehe drei Ringe
um den Hals deiner Tochter, von denen einer schief
hängt.‘ Besorgt fragte meine Mutter, was das zu
bedeuten habe. Er antwortete: ‚Sie wird dreimal heiraten. Der Erste wird sterben. Dann wird der Zweite
sie zur Frau nehmen und anschließend ebenfalls
sterben. Und dann wird sie den Dritten zum Mann
nehmen, aber da hängt ihr Glück schief.‘ Dann
verstummte der Marokkaner und richtete seinen

Blick auf mich. Sogleich fragte meine Mutter ihn: ‚Was siehst du jetzt?' Er sagte: ‚Dein Sohn wird die ganze Welt bereisen und von Land zu Land ziehen. Und immer wenn er ein Land hinter sich gelassen hat, wird sein Fuß um eine Schuhgröße gewachsen sein. Bis er eines Tages Schuhgröße 48 tragen wird. Schließlich wird er barfuß zu dir zurückkehren und in deinem Schoß Zuflucht suchen.' Da fragte meine Mutter ihn: ‚Und was ist mit der Arbeit?' Darauf sagte der Marokkaner nur: ‚Nun gut. Ich werde den beiden Kindern Zauberamulette anfertigen, die sie beschützen werden. Aber sie müssen sie ihr ganzes Leben lang um den Hals tragen. Sonst kann der Schutzzauber nicht wirken.' Meine Mutter gab ihm etwas zu essen und ein wenig Geld mit, und dann ging er von dannen. Und jetzt, bitte sehr, sieh nur selbst." „Ja, aber, wie ist es denn deiner Schwester nun ergangen? Hat sie wirklich dreimal geheiratet?" „Ach was. Die lebt glücklich und zufrieden mit ihren Kindern. Aber ihr Mann hat dreimal versucht, Selbstmord zu begehen, um endlich seine Ruhe von ihr zu haben. Geklappt hat es jedoch nie", schloss Abu Jürgen kichernd.

Ich warf einen Blick auf den Fuß des deutschen Botschafters und mir fiel auf, dass er tatsächlich unglaublich groß war. Ich sagte: „Aber du, schau mal, dein Fuß ist ja wirklich riesig!" Er antwortete: „Ja, ja. Und letzte Woche wollte ich mir ein neues

Paar Schuhe kaufen und dann habe ich nichts in meiner Größe gefunden. Da habe ich eine Nummer kleiner genommen und jetzt habe ich Fuß- und Kopfschmerzen." Ich sagte ihm: „Also doch nichts mit Voodoo und dem ganzen Quatsch!" Es kam kurz nichts, doch dann prustete der Botschafter los: „Aber natürlich nicht! Das mit der Hexerei und dem Zauber haben ich und der französische Botschafter zusammen ausgeheckt, um dir einen Streich zu spielen. Die Journalisten, die du heute gesehen hast, sind in Wirklichkeit Angestellte der französischen Botschaft. Siehst du, diesmal bist du uns auf den Leim gegangen, Abu Rita." Er lachte. „Hahahaha, reingefallen, reingefallen, Abu Rita!" Immer noch lachend fügte er hinzu: „Ach, komm schon, nichts für ungut. Du wirst das jetzt doch hoffentlich mit Humor nehmen? Diese eine Niederlage wirst du doch einstecken können, Abu Rita?"

Ich sagte: „Ja, klar kann ich die einstecken. Ich werde die Geschichte sogar auf Facebook veröffentlichen. Aber dafür akzeptierst du jetzt von mir DAS!" Ich trat ihm mit voller Kraft auf den Fuß, so dass er laut aufschrie. Dann fügte ich hinzu: „Und jetzt wollen wir mal sehen, ob dir hierbei die umgedrehten Boxershorts helfen."
#delicious_german_viza

Visumsalkoholika

Visumsalkoholika
Arak ist das Schreibgetränk, Wodka das
Tanzgetränk
und leichtes Bier ist das Getränk drittklassiger
Botschafter.
#delicious_german_viza

Glaubensangelegenheit

Das deutsche Visum, im Gegensatz zu seinem
libanesischen Pendant, braucht keine Unterlagen,
noch braucht es beweiskräftige Akten. Das deutsche Visum ist eine rein metaphysische Glaubens-
angelegenheit. Wie der Eintritt in die Baath-Partei
oder die Loyalität gegenüber unserem Gebieter,
dem Kalifen.
#delicious_german_viza

Cousin von Bismarck

Irgendwie fühle ich mich heute wie ein wichtiger deutscher Philosoph. Und das, obwohl ich das Visum noch gar nicht habe! Wenn ich dann erst einmal das Visum habe, dann finde ich mich wahrscheinlich plötzlich wieder als der Cousin von Bismarck, dem Vereiniger Deutschlands! Ganz, ganz, ganz bestimmt!
#delicious_german_viza

Einfach dasitzen

Es gibt nichts Schöneres, als russischer Experte,
Strategie-Analytiker oder deutscher Philosoph
zu sein: einfach dasitzen und die ganze Kohle
kassieren.

Arbeitslosengeld

Keine Vorstellung hat mich jemals mehr gereizt als
die des Arbeitslosengelds.
Du stehst um fünf Uhr Nachmittag auf, trinkst
erstmal dein Käffchen, duschst und ziehst deine
silberne Gallabiya an, die dir deine Schwester
frisch gebügelt hat. Dann machst du es dir bequem
auf der Matte, die mitten im Zimmer liegt, vor dir
dein Aschenbecher, das Teegeschirr, drei Packun-
gen lange Gitanes und ein Sony-Kassettenrecorder,
auf dem du bis tief in die Nacht Yas Khedr[20] hörst,
während du über die Welt sinnierst.

Future TV

Auf Future TV wird gerade ein Interview mit dem französischen Botschafter im Libanon ausgestrahlt. Ich werde alles dafür tun, dass der deutsche Botschafter auch mit irgendeinem Interview ins Fernsehen kommt.
Ach Gottchen, der Arme. Kriegt heute bestimmt die ganze Nacht kein Auge zu.
#delicious_german_viza

Tausend Wege

Es gibt für mich Tausend Wege, um nach Deutschland zu gelangen. Ich könnte beispielsweise meine leichten Sommerschuhe anziehen, mir meinen kleinen Rucksack auf den Rücken schnallen und einfach ganz gemächlich losgehen und dabei wie jeder Tourist, der die Länder Europas von Ost nach West überquert, immer wieder nach rechts und links blicken, um die Sehenswürdigkeiten zu betrachten.

Ich könnte mir eine sportliche kurze Hose anziehen und einfach rennen und rennen, entweder mit der Geduld Forrest Gumps oder mit der Geschwindigkeit Lolas, während Menschenmassen mir zujubeln: „Renn, Assaf, renn!" Ab und an würde ich einen kurzen Blick auf meine Armbanduhr werfen, denn ich will die deutsche Grenze in Rekordzeit erreichen, was vom Guinness-Team, das dort auf mich wartet, eingetragen wird.

Ich könnte auch auf meinem Rücken über das Meer und den Ozean schwimmen, Tage und Tage. Ich bräuchte nur einen kleinen Vorrat an Keksen und einen langen Roman, beispielsweise *Auf der Suche nach der verlorenen Zeit*, damit ich in den Stunden der Langeweile etwas zu lesen hätte.

Ich könnte einen Tunnel von Beirut nach Berlin graben, mithilfe eines Löffels und einer Streichholzschachtel. Die Streichhölzer brauche ich nur, um mir während der Pausen meine Zigaretten anzuzünden.

Ich könnte mich auch auf die Brücke über dem Gleis der Zugverbindung Bagdad-Berlin stellen und auf den Zug springen, hinter den Schaffner-waggon, und die Fahrt über versuchen, Agatha Christies rätselhaften Mord im Orient-Express zu lösen.

Ich könnte mich auch an einen Hubschrauber hängen, der nach Frankfurt fliegt, und dabei in der Luft Demis Roussos' *Far Away* singen. Vielleicht versuche ich mich aber auch an *Hotel California*.

Ich könnte auch jetzt gleich runter auf die Straße gehen, ein Taxi anhalten und dem Fahrer sagen: „Einmal nach Deutschland, bitte." An der Grenze angekommen werden die deutschen Zoll-beamten mir lächelnd helfen, die Koffer auszula-den, mit den Worten: „Wir hoffen, Sie hatten eine angenehme Fahrt."

Ich könnte mir natürlich auch Metallspieße in den Hinterkopf stoßen wie Keanu Reeves und einfach in die deutsche Matrix übergleiten, als auserwählter Erlöser.
#delicious_german_viza

Hochschulabschlusszeugnis

Der Botschafter rief mich an und sagte: „Sag mal, Abu Rita! Die Unterlagen, die du bei der Botschaft eingereicht hast, sind weg! Wo ist denn dein Hochschulabschlusszeugnis? Das Original meine ich!"

Ich sagte ihm: „Das liegt bei meinen Unterlagen! Da bin ich mir ganz sicher. Es liegt bei den anderen Unterlagen in meiner Akte." Er sagte: „Gut, wenn du dir so sicher bist, dann werden wir es auch finden. Bloß keinen Stress. Komm vorbei, lass uns zusammen suchen." „Bin schon unterwegs."

Ich betrat das Büro des deutschen Botschafters. Dieser saß hinter seinem Schreibtisch, vor ihm lag ein wüster Haufen Papiere und Fotos, in denen er herumwühlte. Ich setzte mich ihm gegenüber und fragte ihn: „Und? Hast du das Original gefunden? Mach mir bloß keinen Kummer. Seit du mich angerufen hast, zittere ich vor Angst, dass es weg sein könnte. Weißt du, ich habe nur dieses eine Original-Abschlusszeugnis. Wenn das weg ist, dann kann ich meine Zukunft als Zahnarzt in Deutschland vergessen!" „Nicht doch, mein Guter", versuchte er mich zu beschwichtigen. „Not at all, keineswegs! Mach dir keine Sorgen. Ich bin noch am Suchen und es wird sicher gleich auftauchen … Mensch, du, schau dir mal dieses Foto an,

Abu Rita." Ich schob das Foto genervt weg. „Haben wir jetzt etwa Zeit zum Fotosangucken?!" „Och bitte, schau's dir nur kurz an! Bitte, bitte! Schau! Das Foto ist noch aus der Sekundärstufenzeit. Ich und meine Clique, nach einem Fußballspiel." Ich sah mir das Foto an. Es war ein typisches Erinnerungsfoto von zwei Jugendmannschaften nach einem Spiel. Ich fragte ihn: „Wer ist denn das mit den weißen Haaren! Der ist doch erst genauso alt wie ihr, warum hat der denn so weiße Haare?"

Der Botschafter erwiderte brüskiert: „Aber ich bitte dich, Abu Rita, das bin doch ich!" „Was? Und wieso waren damals deine Haare schon so weiß? Ist das genetisch bedingt? Vielleicht vom Vater geerbt?" „Not at all! Keineswegs", erwiderte er, „das ist eine lange Geschichte, mein Freund. Komm, ich erzähl sie dir.

Also, einmal, ich war noch Sekundärschüler, sind wir übers Wochenende zu meiner Tante rausgefahren, die in einem kleinen, etwa 200 Kilometer von Berlin entfernten Dorf lebte. Diese Tante besaß einen deutschen Schäferhund namens Buster. Als wir mit dem Auto angekommen waren, rannte Buster gleich auf unser Auto zu und zur Begrüßung sprang er mit seinen Vorderpfoten gegen meine Brust und riss mich zu Boden …" Da unterbrach ich ihn: „Und vor lauter Schreck und Angst vor dem Hund sind deine Haare weiß geworden!" Er sagte: „Not at all! Keineswegs! Schütte nicht das Kind mit dem Bade aus, Abu Rita!" Und er fuhr fort: „Also spielten wir miteinander, ich und der Hund. Wir liefen durch die Gärten und entfernten uns nach und nach immer weiter vom Haus meiner Tante, bis wir irgendwann auf eine offene Wiese kamen. Da fing der Hund an, vor mir herumzuspringen, und ehe ich mich versah, es war wie im Traum, sah ich ein Leuchten und hörte den Knall einer Explosion. Durch den ganzen Staub und das ganze Chaos hindurch sah ich plötzlich Buster ausgestreckt auf dem Boden liegen, völlig regungslos …" Ich unterbrach ihn: „Und da sind dann deine Haare schlagartig weiß geworden!" Der Botschafter sah mich schelmisch aus dem Augenwinkel an und sagte: „Not at all! Keineswegs! Mir war natürlich sofort klar, dass es eine Landmine gewesen sein musste, ein Relikt aus dem Zweiten Weltkrieg, das jetzt unter Busters Pfoten explodiert war. Deswegen wagte ich auch nicht, mich von der Stelle zu bewegen. Alles, was ich denken konnte, war: Oh je, der arme Buster ist tot! Oh weh, wer weiß, vielleicht stehe ich hier auch gerade auf einer Mine!" Also blieb ich wie angewurzelt stehen. Schließlich wurde es Nacht, und meinen Eltern war inzwischen aufgefallen, dass ich immer noch nicht zu Hause war. Sie machten sich auf den Weg, um uns zu suchen. Als ich dann irgendwann

Lichter sah und Stimmen hörte, schrie ich, so laut ich konnte: ‚Ich bin hier! Aber Vorsicht! Ich stehe auf einem Minenfeeeeld!' Da unterbrach ich ihn: „Und da sind dann deine Haare mit einem Mal weiß geworden, aus Angst vor dem Minenfeld und der Dunkelheit." „Not at all! Keineswegs! Meine Eltern informierten sofort die örtliche Feuerwehr, die dann auch bald kam, in Begleitung eines Experten für Minenräumung. Der zeigte mir einen sicheren Ausweg, und ich lief mit meinen Eltern nach Hause, nachdem wir Busters Leiche beerdigt hatten. Zu Hause angekommen, wuschen sie mich und wickelten mich in Decken ein. Dann aßen wir zu Abend, und schließlich legte ich mich schlafen. Schon im Halbschlaf öffnete ich noch einmal kurz meine Augen und blickte rauf zur Zimmerdecke. Dort saß eine Eidechse. Plötzlich fiel sie mir ins Gesicht und krabbelte mir über den Hals." Ich sagte: „Das war's! Das ist es, weswegen deine Haare mit einem Schlag schneeweiß geworden sind! Das passiert oft genau so!" Doch der Botschafter winkte wieder ab: „Not at all! Keineswegs. Ich packte die Eidechse, warf sie aus dem Fenster und legte mich wieder schlafen. Morgens nach dem Aufstehen frühstückte ich erst einmal. Dann ging ich ein wenig im Dorf spazieren. Irgendwann gelangte ich zum Fußballfeld. Dort war gerade ein Spiel zwischen zwei Mannschaften im Gange: der

Mannschaft des Dorfes meiner Tante und der eines anderen Dorfes. Ich setzte mich an den Rand und sah zu. Bis ich mich irgendwann, zwischen einem Schuss und dem nächsten, einfach in die Spielerumkleide der Dorfmannschaft setzte – vor allem, da der Trainer ein Verwandter meiner Tante war und mich folglich kannte. Von dort lauschte ich den Anweisungen des Trainers für die Spieler. Da bemerkte der Trainer mich und bot mir an, mich einzuwechseln, als Ersatz für einen Spieler, der sich verletzt hatte. Zuerst wusste ich nicht recht, aber dann zeigte ich mich einverstanden, zog mir ein Paar Shorts und ein T-Shirt an und stürzte mich unter die Spieler.

Unser Team bekam einen Eckstoß aus der linken Seite des Spielfelds. Ich rannte und sprang dem Torwart zur Hilfe. Der Torwart fing den Ball und hob sein Knie, um sich zu schützen. Dabei haute er es versehentlich direkt in meine Eier. Wir fielen beide zu Boden, ich hielt mir die Eier und schrie, und der Torwart ließ den Ball fallen und rollte über den Boden wie ein gelynchter Vogel, denn, wie sich später herausstellte, war sein Knie, nachdem er es in meinen Eiern versenkt hatte, gegen den Torpfosten geknallt, und dabei war seine Kniescheibe herausgerutscht. Und als er sein Knie so sah, wurde er halb wahnsinnig und fing an, wie wild zu schreien. Erinnerst du dich noch an jenen dänischen Fußballspieler, dem im Jahre 1992 dasselbe passiert ist? Genau so!" Ich warf ein: „So, und das war's jetzt aber! Hier sind deine Haare mit einem Schlag weiß geworden und jetzt hör endlich auf zu reden!" Und er: „Not at all! Keineswegs! Dann kamen erst mal der Rettungsdienst und ein Physiotherapeut, um uns zu verarzten, und dann war alles wieder im Lot." „Ufff!" rief ich aus. „Du nervst! Jetzt sag doch endlich, was passiert ist! Warum sind deine Haare weiß geworden und wo ist mein Uniabschlusszeugnis hin?" Da sagte er: „Ok, Bruder, also, ganz ehrlich. Gestern hab ich mit meinen Freunden hier am Schreibtisch mal wieder Karten gespielt. Ich weiß auch nicht mehr genau, wie es passiert ist, aber wir haben irgendwann angefangen, die Spielergebnisse auf deinem Abschlusszeugnis zu notieren, bis es irgendwann ganz voll mit Zahlen und Kritzeleien war, und dann ist es zerrissen. Und dass meine Haare auf dem Foto weiß sind, das ist beim Entwickeln passiert. Weißt du, ich hab das mit den weißen Haaren auch einfach akzeptiert, ich habe damit Frieden geschlossen. Und ich erzähl dir schon seit einer Stunde diese Geschichten, um dir zu vermitteln, dass einem im Leben alles Mögliche passieren kann und man die Dinge einfach nehmen sollte, wie sie kommen. Schau, du bist Zahnarzt, das ist Realität, eine Tatsache. Dafür brauchst du kein

Zeugnis, von niemandem. Glaub mir, Abu Rita, selbst in Deutschland kannst du deinen Beruf ohne dieses Zeugnis ausüben. Du weißt ja selbst nur zu gut: Die alten Ägypter früher oder die Zigeuner und die Bader im Mittelalter, die haben doch auch Zähne gezogen, ohne Uniabschlüsse und Unterlagen und diesen ganzen Papierkram!" Er fuhr fort: „Abu Rita, du bist mir doch hoffentlich nicht böse deswegen, oder?"

Ich sagte ihm: „Not at all, keineswegs. Ich werde weder herumschreien noch werde ich verrückt werden. Ich werde lediglich von diesem Stuhl aufstehen und zweimal tief durchatmen." Und dann ich gab ihm einen Fausthieb direkt aufs Auge. Er schrie und sagte: „Glaubst du mir, Abu Rita, wenn ich dir sage, dass ich jetzt vor meinen Augen genauso ein Leuchten gesehen habe, wie damals, als die Landmine unter Buster explodiert ist?"

Ich sagte ihm: „Ja, und diese Mine in meiner Hand war noch ein Relikt aus der Zeit der alten Ägypter. Du hast doch sicher kein Problem damit, wenn wir jetzt ein Selfie zusammen machen, ich und du mit deinem blauen Auge, Eure Exzellenz." Da sagte er: „Not at all! …" und schaffte es nicht mehr, noch ein „keineswegs" daran zu hängen, denn der zweite Fausthieb traf ihn dann am Kiefer. #delicious_german_viza

Marketingaktion für die Kampagne

Liebes Publikum der Kampagne #delicious_german_viza

Wir möchten Ihnen mitteilen, dass unsere Marketingabteilung in den letzten Tagen einen nicht unerheblichen Rückgang der Followerzahlen festgestellt hat. Von daher werden wir, so leid es uns tut und so widerwillig wir das jetzt ankündigen, von nun an auf jene populistischen Mittel zurückgreifen, die wir im Laufe unserer gesamten revolutionären Geschichte immer abgelehnt hatten: Wir werden ab jetzt jeden Tag ein erotisches Foto des deutschen Botschafters veröffentlichen, mit dem Ziel, mehr Abonnenten zu gewinnen. Hoch sollt ihr leben sowie unser Kampf für eine glückliche Heimat mit Visa für alle.

Nehmt euch ein Beispiel

Wenn wir bei unserer Revolution in Syrien nur
fünf von der Sorte des deutschen Botschafters
gehabt hätten, dann wären wir nicht da, wo wir
jetzt sind.
Ich hab den deutschen Botschafter völlig fertig-
gemacht und er hat nichts gesagt, nicht wider-
sprochen, mich nicht gefeuert, mir nie gedroht,
mir kein Visum zu geben, gar nichts.
Nehmt euch also ein Beispiel an Abu Jürgen, dem
deutschen Botschafter, ihr da bei Orient TV.

Papierflieger

Ich werde Ibn Firnas'[21] Fehler nicht wiederholen.
Ich werde meine Visum-Texte auf weißen Blät-
tern sammeln und mir daraus Flügel *und* einen
Schwanz bauen, mich auf das Dach stellen
und fliegen … fliegen und fliegen.
Ich kann nämlich fliegen … Wenn auch nicht
besonders hoch.

Im Büro von Western Union

Ich hatte gerade das Western-Union-Büro betreten, um eine Überweisung entgegenzunehmen, da sah ich ihn am Schalter neben mir stehen, wie er dem Angestellten einen Bündel Geldscheine überreichte. Ich rief zu ihm hinüber: „Abu Jürgen! Abu Jüüürgen!" Er zuckte zusammen und sah erschrocken zu mir herüber. Dann hoben sich seine Augenbrauen in einem Ausdruck der Verwunderung und sein Mund verzog sich zu einem Lächeln, als wolle er sagen: Was machst du denn hier!? Er hieß mich mit einer Handbewegung, kurz auf ihn zu warten.

Anschließend gingen wir gemeinsam hinaus, suchten uns ein Café in der Nähe, bestellten einen Kaffee und setzten uns. Er zückte sein iPad, hielt es mir vor die Nase und sagte: „Lies dir das durch." Ich fragte: „Was soll ich denn lesen?" Er machte eine bestimmende Handbewegung und sagte: „Los, lies! Und spiel dich nicht auf wie der Prophet von wegen ,Ich gehöre nicht zu den Lesenden'[22]." Ich nahm sein iPad, las, blätterte durch die Seiten und sagte: „Was ist das denn?" Darauf der Botschafter: „Ich habe vor einigen Tagen begonnen, meine Memoiren zu verfassen. Ich möchte, dass du mir beim Schreiben und Redigieren hilfst." Ich sagte ihm: „Was für Memoiren denn, du Me-

moirenmeister? Hältst du dich etwa für Winston
Churchill, du Muttersöhnchen?" Beleidigt erwiderte er: „Ach, so redest du jetzt also mit mir? Na gut.
Ich bin ja selbst schuld, dass ich dich überhaupt
um Hilfe gebeten habe. Meine Scheiß-Zunge, wieso hast du bloß geredet und mir das eingebrockt!"
Ich sagte ihm: „Sei mir nicht böse, Abu Jürgen, so
war das doch nicht gemeint. Aber was ich bis jetzt
gelesen habe, wirkt, ehrlich gesagt, wie ein Aufsatz
eines Siebtklässlers im Volkserziehungsunterricht.
Da ist überhaupt keine Spannung drin. Die Leser
von heute haben die Nase voll von dieser steifen
Sprache. Sieht du, zum Beispiel, dieser Ausdruck
von dir gerade, ‚Scheiß-Zunge': Glaub mir: Sowas
gibt einem Text etwas Lebendiges, das bringt
Bewegung in die Geschichte, nicht deine hölzerne
Ausdrucksweise." Er sagte: „Abu Rita, ich möchte
aber meine politischen Memoiren schreiben, nicht
meine Straßenflegelgeschichten!" Ich sagte ihm:
„Ja, aber selbst dann musst du den Lesern eine
Geschichte bieten, die sie noch nie gehört haben,
wenn dir daran liegt, dass sie dein Buch kaufen!

Wer hat schon Zeit, sich deine schnöden Anek-
doten mit dem Botschafter von Guatemala durchzulesen, wie ihr in der Schlange beim Bäcker zum
Brotkaufen angestanden habt? Oder glaubst zu,
die Menschen sind scharf darauf zu erfahren, wie
du mit dem iranischen Botschafter Karten gespielt

hast?" Und ich machte weiter: „Warum war deiner Meinung Bill Clinton's Buch *My Life* ein Bestseller? Glaub mir, mein Freund, das war alles nur wegen Paula und Monica und diesen ganzen Geschichten." An dieser Stelle zwinkerte ich ihm zu und sagte: „Menschen lieben nun einmal alles Lasterhafte, Abu Jürgen, vergelt's Gott." Der Botschafter wurde nachdenklich. Plötzlich sagte er todernst: „Ich bin mir vollends der Tatsache bewusst, dass du mein Ruin sein wirst, Abu Rita. Doch jetzt gibt es für mich kein Zurück mehr. Was geschehen soll, wird geschehen. … Kann ich dir ein Geheimnis anvertrauen?" „Schieß los. Her damit", sagte ich.

Und er begann mit seiner Erörterung: „Es geschah einige Zeit nach meinem Eintritt in den diplomatischen Sektor." Ich unterbrach ihn: „Hör mal, selbst in ägyptischen Seifenopern sagt man längst nicht mehr ‚diplomatischer Sektor', dafür musst du eine andere Formulierung finden." Er ließ sich nicht beirren: „Jedenfalls wurde ich in unser Konsulat in Rotterdam berufen. Also ließ ich meine Familie in Deutschland zurück und zog in die Niederlande. Wir waren nur eine kleine Gruppe von Angestellten: Ich, der Konsul, noch ein Angestellter und Samantha, die Sekretärin des Konsuls. Diese Samantha, Abu Rita, ist eine Bombe, ein regelrechter Vamp, superfeminin, neckisch. In all ihren Bewegungen liegt etwas Kokettes, der reinste Spielzeugladen. Wo auch immer sie auftauchte, zog sie alle Aufmerksamkeit auf sich, wie sie dem einen ein Lächeln schenkte, dem anderen zuzwinkerte … Jedenfalls hatte der Konsul es auf sie abgesehen und, wie es schien, hatte er dann auch Erfolg und fing an, sie zu daten. Und eines Tages kam die überraschende Versetzung unseres Konsuls in ein anderes Land. Ohne jegliche Vorwarnung reiste er plötzlich ab. Es gab nicht einmal einen Abschied. Er ließ alles hinter sich stehen und liegen und so auch unsere neckische Samantha, die unter dem Schock zusammenbrach. Und wer von des Himmels Höhen herabfällt, lieber Abu Rita …" „den fängt der Boden auf", führte ich seinen Satz zu Ende. „Nein", sagte der Botschafter, „der landet sanft im Schoß deines Freundes, des Schlingels Abu Jürgen. Ich war für sie da, tröstete sie, versuchte sie abzulenken, unternahm Spaziergänge und Reisen mit ihr, und innerhalb von zwei Wochen hatte ich sie soweit, dass sie den abtrünnigen Konsul vergessen und mich statt seiner lieben gelernt hatte. Zwischen uns entwickelte sich eine intime Beziehung. Nach einer Weile, ungefähr einen Monat später, sagte sie mir, sie sei schwanger. Ich rastete aus und sagte, dass das gar nicht in Frage käme, vor allem, da sowohl meine berufliche, als auch meine persönliche Situation so etwas ganz und gar nicht zulassen würde, und ich drängte sie dazu abzutreiben. Doch sie weigerte sich, da ihr Arzt ihr gesagt habe, eine Abtreibung könne lebensbedrohlich für sie sein. Also entschieden wir, dass sie ihre Arbeit beenden müsste, und ich mietete ihr eine Wohnung, weitab von den Augen der Menschen und vom Konsulat, wo sie bis zur Geburt bleiben würde, bis sie wieder wohlauf sei." Hier sagte ich: „Alle Achtung, Abu Jürgen, du bist echt ein anständiger Kerl." Er fuhr fort: „Na ja, mein Freund, jedenfalls bekam ich etwa fünf Monate später einen Anruf aus dem Krankenhaus. Man sagte mir, Samantha sei gerade mitten in der Entbindung. Ich fiel aus allen Wolken. Wie konnte das sein? Die Schwangerschaft bestand doch erst seit sechs Monaten und da sollte jetzt schon die Geburt sein? Konnte das mit rechten Dingen zugehen? Ich begab mich zu ihr ins Krankenhaus. Als sie sich von den Anstrengungen der Geburt erholt hatte, konfrontierte ich sie geradeheraus mit meinen Zweifeln. Sie fing an zu weinen, fragte mich, ob ich sie jetzt etwa auch im Stich lassen werde. Sie sagte, alle Männer seien Schweine und Blender, und ich sei ein Feigling, wenn ich nicht glauben wollte, dass dies mein Sohn sei. Dann rief sie einen Verwandten an, ihrer Aussage nach ein Arzt im selben Krankenhaus, und gab mir den Hörer, ich solle mit ihm sprechen. Dieser erklärte mir dann, in der modernen Medizin sei es durchaus möglich, dass eine Schwangerschaft nur sechs Monate dauerte. Das sei etwas ganz Gewöhnliches, solche Fälle gäbe es immer wieder." Hier blickte Abu Jürgen mich direkt an und fragte mich: „Abu Rita, du hast doch Ahnung von moderner Medizin, oder?" Ich nickte nur und gab ihm ein Zeichen weiterzureden. Er fuhr fort: „Ich sagte ihr klipp und klar, dass ich den Jungen auf keinen Fall auf meinen Namen registrieren können werde, weil meine familiäre Situation mir das verbiete. Nach einigem Hin und Her schlug sie mir einen Kompromiss vor. Sie würde den Sohn im Namen jenes verwandten Arztes registrieren lassen und mir mit meiner Familie in Deutschland keine Probleme bereiten. Alles, was ich für sie tun müsse, sei, für ihren Unterhalt und den des Kindes komplett aufzukommen. Ich dachte darüber nach und kam zu dem Schluss, dass es wohl die vernünftigste Option sei. Ohne Gerichtsverfahren, Anzeigen oder Skandale. Und seither, Abu Rita, also seit nunmehr zehn Jahren, schicke ich ihr monatlich ihren Unterhalt. Und immer wenn ich ein bisschen Geld extra gespart habe, überweise ich es ihr für den Jungen. Ich kann nicht mehr! Der reinste Geldschwamm! Und die Überweisung, die du eben gesehen hast, war die Bezahlung für den Privatdozenten, der den Jungen in Atomphysik unterrichtet." Schließlich fragte er mich: „Und, was sagst du dazu?" Ich antwortete:

„Wozu? Zu deinen Memoiren oder zur modernen Medizin? Oder zur Atomphysik?" Er sagte: „Zu allem!" Da sagte ich ihm: „Die moderne Medizin rät dir, dass du jetzt schleunigst zu Western Union gehst und die Überweisung zurückziehst, bevor die kesse Samantha sie entgegennimmt und dieses Geld auch noch weg ist. Und ich würde dir raten, das mit den Memoiren erstmal zu vergessen, außer du hast vor, das Buch *Der Irre von Rotterdam* zu nennen. Oder, warte mal: *Ein Bollywood-Streifen aus der Botschaft*, das ginge auch."
#delicious_german_viza

Sowieso

Offene Hintertür
Das deutsche Visum ist eigentlich sowieso blöd.
Aber nur ein bisschen.
#delicious_german_viza

Volksgruppen

In Syrien gibt es siebenhunderttausend Assyrer, vier Millionen Kurden, sieben Millionen Turkmenen, vier Millionen Alawiten, zwei Millionen Christen und fünf weitere Millionen, die den unterschiedlichsten Minderheiten angehören wie Schiiten, Drusen, Ismaeliten, Chaldäer, Tscherkessen und Tschetschenen und einen einzigen Indianer. Man nennt ihn den „Kletterer über das Tor der Botschaft".

Gebt ihm ein Visum. Dann seid ihr ihn und sein Genörgel endlich los.

Diskussion über die Einschulung

Ich und Nibal diskutierten darüber, wo wir Rita und Nay am besten einschulen sollen. In eine französischsprachige, arabischsprachige oder englischsprachige Schule? Oder in eine der Syrerschulen hier im Libanon? Oder sollten wir mit der Einschulung noch warten, bis wir in Deutschland sind?

Gestern hat sich die Frage von selbst erledigt. Zwei Kilo Bananen, und die Mädels hatten sie innerhalb eines Tages restlos verputzt.

Alles Grübeln und Nachdenken war für die Katz: Die beiden sind einfach Beduinen, bis in alle Ewigkeit, das liegt in ihren Genen.

Fotoshooting mit dem Botschafter

Früh morgens klingelte mein Handy. Mit noch geschlossenen Augen nahm ich es in die Hand. Ich wusste schon, wer dran war, ich brauchte gar nicht aufs Display zu schauen. Da kam auch schon seine Stimme: „Schönen guten Morgen, Abu Rita! Sag mal, schläfst du etwa um diese Zeit noch? Los hopp, steh auf, ich muss dich in einer dringenden Angelegenheit sprechen. Morgenstund hat Gold im Mund, wie es so schön in einem deutschen Sprichwort heißt." Ich sagte ihm: „Ok, gib mir zehn Minuten zum Aufwachen, dann ruf ich dich zurück." Ich stand auf, wusch mich, machte mir eine Tasse Kaffee und wählte Abu Jürgens Nummer. Ich sagte: „Also, wo brennt's? Überhaupt, wo hast du denn die ganze Zeit über gesteckt? Meldest dich nicht, gibst keinen Ton mehr von dir …" Er sagte: „Wenn du noch nichts vor hast, dann komm doch einfach gleich bei mir in der Botschaft vorbei. Dann erklär ich dir alles."

Ich machte mich sogleich auf den Weg zu ihm in die Botschaft. Da fand ich ihn in seinem Büro. Um ihn herum lagen alle möglichen Arten von Kostümen, Kleidungsstücken und Anzügen verstreut: ein blauer, ein oranger und dazwischen standen allerlei Requisiten herum, Scheinwerfer und Fotozubehör. Ich sagte ihm: „Was ist das denn?" Er antwortete: „Ich habe hier bald ein Fotoshooting. Die ganzen Kleider habe ich mir extra besorgt, um mich darin in unterschiedlichen Posen fotografieren zu lassen."

„Ok, aber wozu diese Fotos? Ist es wegen irgendeines politischen oder gesellschaftlichen Anlasses hier in der Botschaft?"

Er sagte: „Ach was, die Fotos sind doch für das Buch!" Ich sagte ihm: „Welches Buch?" Er sagte: „Also bitte, Abu Rita, dein Buch! Das Buch über das Visum! Müssen da nicht ein paar Bilder von mir rein?" Und bevor ich etwas sagen konnte, fuhr er fort: „Ich habe alles vorbereitet. Kindheitsfotos, Fotos aus Schul- und Unizeit. Etwas für jeden Lebensabschnitt. Sogar die Fotos aus Damaskus, Mauretanien und Mohassan sind schon fertig. Alles in Rekordzeit geschafft! Wie das deutsche Sprichwort sagt: Ein starker Wille verleiht den Füßen Flügel." Ich verstand nicht. „Abu Jürgen, was redest du denn da? Was hast du denn mit meinem Buch zu tun! Und mit Mohassan, Damaskus und Mauretanien?"

„Die Welt ist klein, Abu Rita, und alles schließt sich zu einem Kreis. Wie das deutsche Sprichwort sagt: Alle Ströme münden ins Meer." Und da trat er hinter seinem Schreibtisch hervor und zeigte mir ein paar Fotos. „Schau. Auf diesem Foto bin ich in Mohassan. Das habe ich vor einem Monat machen lassen. Und hier war ich in Nouakchott. Und da stehe ich auf dem Qassioun-Berg in Damaskus. Na, was sagst du dazu, Abu Rita? Toll, nicht? Sag mir jetzt bloß nichts in der Richtung des deutschen Sprichworts: Viel Lärm und wenig Wolle. Denn glaub mir, ich hab wirklich keine Mühe gescheut bei den ganzen Reisen und all dem Aufwand. Du weißt ja selbst, wie riskant es momentan ist, nach Mohassan zu reisen, seit es von ISIS kontrolliert wird."

Ich verstand immer noch nicht. Ich entgegnete ihm: „Mein Guter, es geht hier doch nicht um Mühe und Wolle und Lärm und ISIS. Mein Buch soll ein literarisches Werk werden, Abu Jürgen, kein Fotoband! Was soll denn der Leser mit deinen Schul- und Unifotos in Damaskus anfangen? Das ist ein Buch über mein Visum, nicht über dein Leben. Tut mir leid, aber ich kann unmöglich akzeptieren, dass auch nur ein Foto von dir ins Buch kommt."

Der Botschafter schwieg betrübt, dann sagte er: „Oh, wie hartherzig du doch bist, Abu Rita. Machst dich über mich lustig, nur weil ich an meinem Lebensabend ein paar Bilder von mir in deinem Buch unterbringen möchte. Wirklich, schade um unsere Freundschaft. Es ist ganz wie in dem deutschen Sprichwort: Nichts ist so weich und gleichzeitig so hart wie das Herz des Menschen."

Aufgebracht entgegnete ich: „Abu Jürgen, jetzt hör bitte auf mit dieser emotionalen Erpressung. Du bist mein Freund. Du weißt ganz genau, dass du mir viel bedeutest. Aber das hier ist Arbeit, und bei der Arbeit macht man keine Komplimente. Außerdem, ich bitte dich, du bist doch noch in deinen besten Jahren, schau mal, da ist kein einziges weißes Haar auf deinem Kopf!"

Er sagte: „Ja, ja, meine Haare sind schwarz. Aber was habe ich davon? Wie schon das deutsche Sprichwort sagt: Narren lassen sich keine weißen Haare wachsen." Darauf ich: „Zum Teufel aber auch mit dir, Abu Rita. Du brichst mir das Herz. Na gut. Wie du meinst. Ich habe eine Lösung. Was hältst du davon, wenn du ein kleines Vorwort für das Buch schreibst oder wenn wir den einen oder anderen Satz von dir zwischen die einzelnen Kapitel oder Texte platzieren und dazu schreiben, dass er vom Botschafter Abu Jürgen verfasst ist?" Hier leuchteten die Augen des Botschafters wieder. Ganz aufgeregt beeilte er sich, mir zu sagen: „Ich hatte ohnehin schon ein paar Sachen aufgeschrieben. Die hatte ich mir ursprünglich als Bildunterschriften für die Fotos gedacht." Ich sagte: „Großartig. Na, dann komm, lies mir gleich mal etwas vor."

Er nahm sein Notizbuch, blätterte ein wenig darin und dann begann er vorzulesen, wobei er mich zwischendurch immer wieder bedeutungsvoll ansah:

„Der Mensch ist erst wirklich tot, wenn niemand mehr an ihn denkt. Man muss das Unmögliche versuchen, um das Mögliche zu erreichen. Nie lügen die Menschen so viel wie nach einer Jagd, während eines Krieges oder vor den Wahlen." Hier hielt er wieder inne und sah mich gespannt an, als wolle er erraten, was ich dachte. Ich aber sagte nur: „Lies weiter, lies weiter." Er las weiter vor.

„Die Gewalt von Worten kann manchmal schlimmer sein als die von Ohrfeigen und Pistolen. Man wird nicht sagen: Die Zeiten waren finster, sondern: Warum haben ihre Botschafter geschwiegen?"

Ich sagte nichts. Gespannt fragte er mich: „Na, was sagst du?" „Was soll ich denn bitteschön dazu sagen? Ich krieg noch einen Gehirnschlag von deinem Unfug! Das sind alles Zitate von Bert Brecht, Hermann Hesse, Bismarck und Heinrich Böll! Wie stellst du dir das vor? Dass wir sie einfach ins Buch einbauen und dann behaupten, es seien deine Worte? Das wird doch jeder, der das liest, sofort merken!"

Entrüstet entgegnete er: „Aber Abu Rita, Brecht sagt: Warum haben die Dichter geschwiegen? Ich hingegen sage: Warum haben die Botschafter geschwiegen? Das ist doch etwas völlig anderes!"

Ich sagte ihm: „Du bist aber auch wirklich zu gar nichts zu gebrauchen. Zu nichts, aber auch wirklich gar nichts bist du gut. Kein Visum, kein Buch, kein gar nichts. Selbst eine stehengebliebene Uhr gibt immerhin zweimal täglich die richtige Zeit an, wie ein deutsches Sprichwort sagt.

Aber weißt du, vielleicht könntest du mir in einer Sache doch behilflich sein." „Wie denn?" fragte mich Abu Jürgen kleinlaut. Ich sagte ihm: „Du ziehst dir jetzt dein orangefarbenes Kostüm an, fährst nach Mohassan und lieferst dich dem IS aus. Das wäre ein Riesenscoop für mein Buch!" #delicious_german_viza

Mahatma Abu Jürgen

Ich habe wenig gelernt. Sehr wenig.

So wenig, dass es vollständig in eine dieser durchsichtigen Plexiglas-Spendenboxen passen würde, wie man sie in Shoppingmalls oder Moscheen aufstellt.

Von meiner Mutter habe ich gelernt, mich vor dem Schweigen und den Schweigenden zu fürchten. Denn von beiden geht eine Gefahr aus.

Von der Zahnmedizin habe ich gelernt: Zeig mir deine Zähne, und ich sage dir, wer du bist.

Ich habe auch etwas gelernt, was die Pharaonen bereits vor Tausenden von Jahren wussten: wie man ein Stöckchen unter einen großen Stein schiebt und diesen dann mit entspanntem Zeigefinger bewegt.

Von der Statistik habe ich gelernt, dass sowohl negative als auch auch positive Extremwerte hinfällig, weil nicht repräsentativ sind. Sie sind nämlich trügerisch und weigern sich, den übrigen Werten in der Mitte zu begegnen.

Von der Physik habe ich gelernt, dass schwarze Löcher manchmal auch in Jeans mit rotem Pulli und manchmal sogar in Hisbollah-Militärstiefeln daherkommen können.

Von Sprichwörtern habe ich gelernt, dass die geschickte Spinnerin, die sogar vom Bein einer

Ziege einen Faden spinnen kann[23], die schlechteste Qualität hervorbringt.

Von der französischen Revolution habe ich gelernt, dass Brioches und Croissants der Treibstoff der Guillotinen sind.[24]

Von der tunesischen Revolution habe ich gelernt, dass Tyrannen schon beim ersten „Buh" davonlaufen, vorausgesetzt, dass deren Armeen ihren Dauerschlaf fortsetzen.

Von Ägypten habe ich einen Satz gelernt, den Khaled Saleh in *The Yacoubian Building* sagt: „Die Menschen hängen am Zipfel der Regierung wie Kinder sich an den Saum ihrer Mütter klammern."

Von Deraa[25] habe ich gelernt, dass ein Weizenkorn auf dem anderen den Tyrannen ertränken kann.

Von Homs habe ich gelernt, dass es dort viele Homser gibt, viel mehr als diese beschissene Welt verkraften kann.

Aus Aleppo, dass die Fassbomben sich nicht vor der Geschichte schämen, sondern nackt und mit unverschämten Augen herabkommen.

Von meinem Geburtsort Mohassan habe ich gelernt, dass der MiG-Jet und der sowjetische Raduga-Verlag[26] zwei Seiten desselben Elends sind, weswegen sie auch dort gemeinsam gefallen sind.

Von Kafranbel[27] habe ich gelernt, dass eine einzige Stoffbahn zwar ausreicht, eine ganze Welt zu inspirieren, aber dennoch nicht genügt, um den Schmutz einer einzigen Fassbombe wegzuputzen.

Von Saroot [28], habe ich gelernt, den Traum mit einem Lied zu bewachen, von al-Qashoush [29] das Klonen von Seelen und Kehlen.

Von Ghiath Matar [30], wie man seinem Sohn eine Rose und eine Flasche Mineralwasser vererben kann, die ein ganzes Volk versorgen kann und das Waisenkind keinen Tag zu trösten vermag.

Vom Regime habe ich gelernt, dass man sehr wohl immer wieder und wieder im selben Fluss baden kann [31], solange die internationale Gemeinschaft diejenigen verabscheut, die sich mit Erde waschen. [32]

Von der Opposition habe ich gelernt, dass der Vater des Löwenjungen in Wahrheit gar nicht jener Löwe ist, sondern sein Cousin.

Von meinen Fahrten in mauretanischen Taxis habe ich gelernt, dass jede nationalistische Tendenz immer auch eine chauvinistische ist, die andere Gruppen versklaven will. Am Rande gesagt, vielleicht aber auch an oberster Stelle, hat mich Mauretanien gelehrt, dass die schönen Frauen die Übergewichtigen sind.

Von meinen Fahrten in libanesischen Taxis habe ich gelernt, dass das Fluchen kein wirksames Mittel gegen Stromausfälle und Anführerbrut ist – durchaus aber Autobomben.

Vom Sunniten- und Schiitentum habe ich gelernt, dass der Hundertjährige Krieg nicht der längste Krieg der Geschichte war.

Von Mark Zuckerberg habe ich gelernt, dass Facebook eine modernere Version des Lügendetektors ist.

Von Adonis, dass seine Kritiker nicht weniger wichtig sind als seine Anhänger, egal, ob sie sich nun an der Uni oder in der Moschee befinden.

Von Nibal habe ich gelernt, dass die Schönheit – so wie die Dämonen – in den Details hausen.

Von Rita habe ich gelernt, dass Väter Lebewesen sind, die mehr Schaden anrichten als Nutzen bringen.

Von Nay, dass das zweite Kind diese Erkenntnis bereits ab seinem ersten Lebenstag verinnerlicht hat.

Von Jesus und Deir ez-Zor, dass ich, wenn ich dem, der mich geschlagen hat, meine linke Wange hinhalte, ihm gleichzeitig einen Kopfstoß geben muss, von dem er sich nicht wieder aufrappeln kann, … sonst drischt er einfach unendlich weiter auf mich ein.

Von den Stadtbeduinen habe ich gelernt, dass das Restaurant Big Mac und die zwei asphaltierten Straßen rechts und links davon im kleinen Dorf wichtiger sind als die Universität in der nächsten Stadt.

Von den Kurden habe ich gelernt, dass das Wort „al-Kord" nicht etwa ein linguistischer Luxus oder ein Wortspiel ist, sondern dem Narrativ der Bewohner Mekkas entstammt, die Mekka und ihr Gebirge schließlich besser als jeder andere kennen.

Von den Armeniern, dass das von Millionen geforderte Recht in einem Jahr verjährt sein wird.

Vom Yarmuk-Palästinenserlager habe ich gelernt, dass nicht jedes Sprichwort der Wahrheit entspricht und dass Hunger, Rauchen, Verkehrsunfälle und Fassbomben die Hauptursache schneller und langsamer Tode sind.

Vom Krieg und vom Meer habe ich gelernt, dass wer den einen überlebt hat, im anderen ertrinken wird.

Von der syrischen Revolution habe ich gelernt, dass ich vor allen anderen Dingen zuerst mich selbst kennen muss.

Sie hat mich auch gelehrt, die Mauern zu sehen, die man anstelle der Angstmauern errichtet hat.

Von #delicious_german_viza habe ich gelernt, dass das gute Visum dasjenige ist, das dir Zutritt zu Herzen verschafft und nicht nur in Länder.

Und von Abu Jürgen habe ich nichts gelernt. Gar nichts. Nicht ein einziges deutsches Wort. Abu Jürgen ist ohnehin zu nichts nütze, er wirft weder Federn ab, noch Fleisch oder Eier. Aber ich werde euch ein kleines Geheimnis verraten: Er hat mich in Zeiten des Kriegs und des Todes das Lachen gelehrt. Aber sagt ihm das bloß nicht. Ich bitte euch.

Flüchtling von Amts wegen

Ab heute bin ich Flüchtling.

Ab heute bin ich, ganz offiziell, laut dem Schreiben in meiner Hosentasche, Flüchtling.

Flüchtling von Amts wegen, mein Fall gleicht allen Fällen, die der Hohe Flüchtlingskommissar der Vereinten Nationen je gesehen hat, angefangen bei Dscha'far ibn Abi Talib [33] und seinem Asyl bei al-Najashi in Aksum bis hin zu meinem Freund, seiner Frau und ihrer gemeinsamen Tochter, die ich heute in der Warteschlange vorm Büro des Hohen Flüchtlingskommissariats der Vereinten Nationen in Beirut überholt habe.

Und weil ich nach der Devise „ganz oder gar nicht" lebe, werde ich niemandem gestatten, auf mich herabzublicken mit der Begründung, ich sei nur ein frischgebackener Flüchtling, auch nicht, wenn das von einem Somalier, einem Afghanen, Bosnier oder gar einem Palästinenser kommt, der schon zweimal fliehen musste und sich jetzt damit brüsten kann, ein doppelter Flüchtling zu sein. Kein Flüchtling ist zugunsten eines anderen zu bevorzugen, weder aufgrund seiner Gottesfurcht [34], noch aufgrund der Farbe seines Flüchtlingszeltes oder der Größe seines Lebensmittelkorbs. Mit der Flucht ist es wie mit der Pilgerfahrt nach Mekka: „Jeder, der es sich leisten kann, ist dazu verpflichtet"[35], „selbst wenn die Metallbrücken in Mekka unter deinen Tritten kollabieren sollten."[36] Und ich bin zwar erst seit zwei Stunden Flüchtling, aber mir kann keiner was erzählen. Wenn du mir sagst: Du trägst die Schlüssel deines Hauses schon seit 66 Jahren auf deiner Brust. Dann sage ich dir: Man hat mir heute am Eingangsbereich alles abgenommen, mein Handy, meine Zigaretten und mein Feuerzeug. Man ließ mir nur meinen Schlüsselbund; keine Flucht ohne um den Hals gehängte Schlüssel.

So bin ich ab heute also Flüchtling. Das Büchlein *Wie man in nur fünf Tagen ein Flüchtling wird*, das man mir gegeben hat, habe ich weggeworfen. Ich werde mich nur noch auf meinen Instinkt verlassen. Ab morgen werde ich im Besitz einer großen Alidscha sein – einer Tasche aus Leder oder aus Netzstoff –, in die ich sämtliche Prämien und Zuwendungen packen werde und alles, was ich sonst noch absahnen kann, und wenn's nur das Arschhaar eines Wildschweins ist. Außerdem werde ich mir eine kleine Seitentasche an meine Alidscha nähen, in die ich die Kondome und Antibaby-Pillen stecke, die man an uns arme Leute kostenlos verteilt. Jeden Morgen werde ich ins Internet gehen und alle möglichen Flüchtlings-Organisationen, -Vereine und -NGOs anschreiben, deren Mitarbeiter gerne

neben Flüchtlingen auf Selfies posieren. Ich werde
ihnen die erbärmliche Situation schildern, in
der wir uns befinden, die ja bekanntlich jeder-
mann zum Weinen bringt, selbst die Flüchtlinge
im Zaatari-Lager[37]. Ich werde vor Fernsehteams
herumschreien und alles und jeden beschimpfen.
Ich werde unseren Nachbarn denunzieren, der die
Bettdecken sofort, nachdem er sie als Hilfsgüter
vom Hohen Flüchtlingskommissariat entgegenge-
nommen hatte, weiterverkauft hat. Ich werde von
den Flüchtlingen berichten, die jeden Monatsan-
fang über die Grenze kommen, um ihre Hilfsgüter
entgegenzunehmen und sie dann in ihre sicheren
Häuser in Syrien zu bringen. Ich werde meckern
und meckern und noch mal meckern und mich
nicht beruhigen, nein, sondern meckern. Heute
werde ich beginnen, meine Memoiren und Beobachtungen über die verlorene Heimat in einem
Asyltagebuch aufzuschreiben. Ich werde meine
alten Fotos herauskramen, vom Haus und vom
„Weg des feschen Burschen, schnurstracks nach
al-Ashara"[38]. Ich werde von Mohassan[39] erzählen,
von Deir ez-Zor[40], von Tabqa[41] und Damaskus.
Jeden Abend werde ich auf einem Holzstuhl vor
meinem Haus sitzen, umringt von den Kindern
des Viertels. Und dann werde ich ihnen von
meinem dreitausend Seiten dicken Manuskript
erzählen. Ich werde einen tiefen Zug von meiner

Zigarette nehmen, bevor ich einem jener Vor-
schnellen, die mir begeistert vorschlagen, mein
Werk doch zu veröffentlichen, zur Antwort gebe:
„Willst du, dass ich diese ganze Historie einfach
so preisgebe, damit sie am Ende in der Schublade
eines jämmerlichen Verlages landet?! Du hast doch
keine Ahnung!" Und ich werde fortfahren: „Allein
der Okraschoten-Eintopf benötigt einen eigenen
Ordner und zwei Monate Arbeit und Recherche
in Nachschlagewerken und auf Gemüsemärkten.
Die hundertjährigen Grundbuchblätter unserer
Ländereien in al-Hawi, al-Nahama, Umm al-
Ajoul, al-Naschala, Kenno, al-Bakra, in Inner-Qaa,
al-Khammas, al-Tizaniyat und Toʻous al-Khubz
bräuchten mindestens ein Jahr Restaurierungs-
maßnahmen, bevor man sie überhaupt fotokopie-
ren, geschweige denn präsentieren könnte. Die
Saqlawiyah-Stute [42] meines Großvaters Zobar, sein
Luntenschlossgewehr, seine weiße Reit-Eselin, die
einem zweitrangigen Abbasidenprinzen gebüh-
ren würde; der lange, breite Ablagetisch meiner
Mutter und ihre Steppdecken aus weichem Atlas,
die sich darauf türmen; die Matratzen, gestopft mit
der Wolle der besten Steppenschafe; die leichten
Patchworkdecken, welche Picassos kubistische
Experimente wie einen schlechten Scherz aussehen
lassen; jener siebenfarbige Quilt, in dessen Zent-

rum ein mit dem Portrait Gamal Abdel Nassers [43] bedrucktes Stück Stoff prangt.

Die Geschichten der Beduinenstämme und Clans, die Geschichte ihrer Kriege und Blutracheakte, der Stamm der Bou Mtewet, der Shammar, der Agedat, ihre Freudenfeste und Trauerfeiern, die Dabke [44]-Reigen und die Morgendämmerungs-Dabke, zur Flöte des Duos Saleh & Klein-Saleh oder der von Abu Ayad und Yassin.

Die vor Scham abgelegten Kordeln [45] bei jedem Unglück.

Die Dörfer mit ihren Dorfdeppen, Streunern, Betrügern und Propheten und ihre Geschichten von Liebe und Verrat; die Gewänder, die Umhänge und Turbane; die Freudenschüsse nach Sonnenuntergang, die die Menschen zum Tanz rufen …

Willst du wirklich, dass ich all das einem blöden Verleger schicke?! Wird er es auch nur ansatzweise verstehen können? Verflucht nochmal!"

Ich werde einen Kino-Club gründen, wo wir jede Woche drei Filme zeigen: einen von Mohammad Malas [46], einen von Ghassan Shmeit [47] und einen von Maher Kaddo [48]. Einmal im Monat zeigen wir *Breaking and Entering – Einbruch und Diebstahl* mit Juliette Binoche, und damit das Publikum in Schwung bleibt und sein Interesse nicht verliert, wird jedes Mal ein neuer Brief von ihr vorgelesen (handschriftlich von meiner Frau verfasst).

Wir werden Angelina Jolie schreiben und sie einladen, mitsamt ihren fünfzehn Kindern, ihrem persönlichen Brustkrebsarzt und Brad Pitt, diesem Hund.Wir werden ein Journal herausgeben, dessen Leitartikel jedes Mal von mir selbst verfasst werden, in dem es immer um ein und denselben Gedanken geht: Jedes Bild wiegt mehr als zehntausend Worte, das Foto eines Flüchtlingszeltes und eines weinenden Kindes ist relevanter als eine Millionendemo.

Ich werde einen Sportverein gründen und ihn „Das syrische Sportshaus" nennen. Seine pseudosportlichen Aktivitäten werden hauptsächlich auf dem Papier stattfinden, mit Ausnahme von Fußball. Unter Arbeitslosen und Trägern vom Gemüsemarkt werden wir elf Spieler heraussuchen. Wir werden einheitliche Mannschaftstrikots tragen, gespendet von irgendeinem libanesischen Fußballverein. Dreimal die Woche wird nach Feierabend trainiert. Im Ramadan werden wir Sportturniere veranstalten, im Gedenken an die Revolution und an Dscharbas [49] Thronbesteigung bei der Nationalen Koalition und George Sabras [50] Aufstieg zum Dekan, und hin und wieder werden wir um sechs Uhr früh den Tuckerbus nehmen, um knapp vor siebzehn Uhr in Arsal [51] anzukommen, für ein Freundschaftsspiel mit der Mannschaft des dortigen Flüchtlingslagers.

Das Stadium wird in der einheitlichen Farbe der Trikots erstrahlen, die alle tragen werden außer mir (der Fels in der Brandung) und Abu Hamza (unser Flankenheld), weil unsere alten Bottichwaschmaschinen die Trikots bei der letzten Wäsche zerfetzt haben. Wir werden ein Tor nach dem anderen schießen und schließlich gewinnen, und bei jedem Tor werde ich mit siegreich erhobenen Händen wie ein Irrer auf die Kamera von Abu al-Madschd (unser Manager) zurennen und immer denselben Satz wiederholen, augenscheinlich schreiend, doch in Wahrheit nur tonlos meine Lippen bewegend.

Am Folgetag wird Youtube von Videoaufnahmen des Fußballspiels überflutet sein, während Zuschauer und Analytiker vergeblich über jene mysteriöse Lippenbewegung rätseln werden, bis es schließlich einem professionellen Lippenleser gelingen wird, sie zu entschlüsseln als:

„SCHEISS AUF DIE MÖSE DER SCHWESTER DIESES LEBENS, VERDAMMTE HURE!" [52]

Und die Diskussion in der *Marca* und der *Gazzetta dello Sport* wird sich in den nächsten Tagen um folgende Fragen drehen:

Hat das Leben eine Schwester? Und ist sie wirklich eine Hure?

Endnoten

1 Abd al-Aziz ibn Saud (1876-1953) entstammte der Dynastie der Saud und war der erste König und der Gründer Saudi-Arabiens.

2 Kasem und der Bauernhof ist der Name eines syrischen Spielzeugkonzerns, der mit einem gleichnamigen Spiel (eine Art syrische Version von Monopoly) bekannt wurde.

3 Berühmter Schlager von Samira Tawfiq, http://www.youtube.com/watch?v=2t7Iyt07uNs.

4 Die syrische Korrekturbewegung 1970, auch als Korrektive Revolution bezeichnet, war der Staatsstreich der militärisch-pragmatischen Fraktion der Baath-Partei, der Hafiz al-Assad, den Vater von Bashar al-Assad an die Macht brachte.

5 Siham ist eine seit 1950 existierende syrische Kaugummimarke.

6 Die Einrichtung für militärisches Bauen, die im Besitz von Verwandten von Hafiz und Bashar al-Assad ist, hatte während der 1980er und 1990er Jahre das Monopol über alle Bauverträge im öffentlichen Sektor.

7 Sahnaya ist ein Vorort von Damaskus und liegt in West-Ghouta. Dort lebte der Autor während der letzten fünf Jahre vor seiner Flucht.

8 Adonis, geboren 1930, bedeutender Dichter der arabischen Gegenwart. Der syrische Intellektuelle gilt als links, rebellisch und progressiv. Äußerte jedoch von Anfang an Skepsis gegenüber der neuen Protestbewegung in Syrien. Begründet seine Vorbehalte vor allem damit, die Protestbewegung habe eine islamisch-religiöse Färbung.

9 Ahlam Mosteghanemi ist eine mit zahlreichen Literaturpreisen ausgezeichnete algerische Schriftstellerin. Sie gilt als die bekannteste arabischsprachige Romanautorin der Welt.

10 Omar Souleyman, geboren 1966, ist ein syrischer Musiker, der international bekannt geworden ist, nachdem britische und amerikanische Produzenten ihn „entdeckt" haben. Er hat unter anderem Aufnahmen mit Björk produziert. Vor seiner Entdeckung war er auch in Syrien unbekannt, er war einer von vielen lokalen Sängern, die man zu Hochzeiten mietete, deren Stil immer ähnlich ist und in intellektuellen Kreisen als billig gilt. Das Phänomen Omar Souleyman polarisiert die Geister. Viele betrachten es als Orientalismus, dass gerade er im Westen beliebt ist, der weder musikalisch, noch politisch, noch intellektuell etwas Besonderes macht. Andere finden es positiv, dass jemand wie Souleyman aus der ländlichen, ost-syrischen Populärkultur internationale Bühnen bespielt, und verstehen ihn als Symbol gegen die alten Eliten.

11 Haitham Maleh, geboren 1931, Oppositioneller, Demokrat, Menschenrechtler und Kritiker des gegenwärtigen Regimes. Lehnt jegliche Form von Dialog mit dem Regime ab.

12 Haitham Manna, geboren 1951, ist ein syrischer Schriftsteller und Sprecher des oppositionellen Nationalen Koordinationskommitees für Demokratischen Wandel. Das Koordinationskommitee sieht eine Lösung des Konflikts nur unter Einbeziehung des Regimes in einen Dialog mit der Opposition.

13 Trex ist ein in der Levante beliebtes Kartenspiel, dessen Regeln vergleichbar mit denen von Bridge und Skat sind.

14 Nach einem Zitat von John F. Kennedy: „My fellow Americans, ask not what your country can do for you, ask what you can do for your country."

15 Zitat aus Bertolt Brechts Gedicht *In finstern Zeiten*: „Aber man wird nicht sagen: Die Zeiten waren finster. Sondern: Warum haben die Dichter geschwiegen?"

16 Syrisch-arabische Redewendung, um jemandem zu sagen, er bilde sich zu viel auf sich ein.

17 Yassin Al Haj Saleh, geboren 1961, ist ein syrischer Schriftsteller und Oppositioneller. Liebevoll nennt man ihn auch „den Doktor". Bis 2013 hielt er sich im Untergrund in Syrien auf, schrieb und veröffentlichte aber weiter seine Artikel in vielen arabischen und internationalen Tageszeitungen. Im Jahre 2012 verbreitete eine regimenahe Webseite das Gerücht, er habe sich mit anderen syrischen Menschenrechtlern in der amerikanischen Botschaft in Damaskus verschanzt. Zweck des Gerüchts war die übliche Unterstellung des Regimes gegen Oppositionelle, sie seien von imperialistischen Kräften unterstütze Agenten.

18 Ahmad Moas al-Chatib al-Hasani, geboren 1960. Ehemals Vorstand der Nationalen Koalition der syrischen Revolutions- und Oppositionskräfte, früher auch Imam der Umayyaden-moschee in Damaskus.

19 Gallabija, ein traditionelles Gewand, das Männer in vielen arabischen Ländern und in Syrien vor allem in ländlichen Gegenden tragen.

20 Yas Khedr, geboren 1938, ist vielleicht der bekannteste irakische Sänger. Man nennt ihn „Die Stimme der Erde".

21 Abu al-Qasim Abbas ibn Firnas, 810 in Ronda bis 888 in Cordoba, war ein Dichter und Gelehrter in Andalusien, dem auch der Bau eines Flugapparates zugeschrieben wird. Er soll es geschafft haben, mehrere hundert Meter weit zu fliegen, zu wenden und zu seinem Startpunkt zurückzukehren. Beim Landen jedoch brach er sich beide Beine, was der Historiker al-Maqqari, circa 1591 bis 1632, darauf zurückführt, dass ibn Firnas vergessen hatte, seiner Flugvorrichtung einen Schwanz zu bauen.

22 Laut eines Hadiths, aufgezeichnet vom bedeutenden islamischen Gelehrten al-Bukhari, erschien dem in einer Höhle meditierenden Propheten Mohammad der Erzengel Gabriel. Dieser befahl ihm mehrmals: „Lies!", woraufhin Mohammad immer wieder geantwortet haben soll: „Ich gehöre nicht zu den Lesenden." Dies ist für Muslime einer der schlagkräftigsten Beweise dafür, dass es sich beim Koran um eine göttliche Offenbarung handeln muss, gemäß der gängigen Argumentation: Wie sollte der Prophet, der seiner eigenen Aussage nach ein Analphabet sei, ein sprachlich so komplexes Werk wie den Koran, das inhaltlich so viele Geschehnisse aus anderen heiligen Schriften aufgreift, diktieren können?

23 Das syrische Sprichwort „Eine geschickte Spinnerin kann selbst vom Bein einer Ziege einen Faden spinnen" entgegnet man jemandem, der in den Umständen Ausflüchte sucht, etwas nicht zu schaffen. Vielleicht vergleichbar mit „Wo ein Wille ist, ist auch ein Weg."

24 In Jean-Jacques Rousseaus Autobiographie *Geständnisse* (erschienen 1782) erzählt der Autor eine Anekdote aus der Französischen Revolution, in der eine Prinzessin, nachdem sie erfahren hat, dass die Bauern kein Brot haben, den Satz gesagt haben soll: „Qu'ils mangent de la brioche." Auf Deutsch bedeutet er: „Lasst sie doch Kuchen essen." Der berühmte Satz wird üblicherweise Marie Antoinette zugeschrieben, die jedoch zum Zeitpunkt des Erscheinens des 1765 verfassten Buches erst neun Jahre alt war.

25 Deraa, Stadt in der südsyrischen Region Hauran, die im 19. und 20. Jahrhundert eines der wichtigsten Getreideanbaugebiete war. Anfangspunkt des großen Volksaufstands im Lande. Ende Februar 2011 schrieb dort ein 12-jähriges Kind an eine Schulwand „Das Volk will den Sturz des Regimes", woraufhin die gesamte Schulklasse festgenommen wurde. Alle Versuche der Eltern, die lokalen Autoritäten zu überzeugen, die Kinder freizulassen, scheiterten. Die Kinder wurden gefoltert. Am 18. März 2011 gab es wegen dieser Ereignisse die erste große Demonstration in Deraa. Die Sicherheitskäfte erschossen am ersten Tag vier Demonstranten. Innerhalb von zwei Tagen stieg die Anzahl der Toten auf 100. Andere Städte organisierten Solidaritätsproteste für die Einwohner von Deraa und die Sache verbreitete sich wie ein Lauffeuer im Land.

26 Der Raduga-Verlag war ein staatseigener Verlag der UDSSR, der viele literarische und ideologische Werke vom Russischen ins Arabische übersetzte und unter anderem in Syrien vertrieb.

27 Kafranbel ist eine Kleinstadt in der Region Idlib im Norden Syriens. Vor der Revolution selbst in Syrien gänzlich unbekannt ist sie durch die kreativen und oft künstlerischen Protestformen international bekannt geworden. Das Markenzeichen von Kafranbel sind Stoffbanner, auf die die Aktivisten Zeichnungen und intelligente politische Slogans zweisprachig in Englisch und Arabisch malen, oft mit Bezug auf aktuelle Themen oder mit Zitaten aus Popkultur und Weltliteratur.

28 Abdelbasset Saroot, syrischer Fußballstar, ehemaliger Torwart der syrischen Nationalmannschaft. Wurde zu einem der wichtigsten Anführer der Demonstrationen in Homs, vor allem, da er sehr schön singen kann. Landesweit ist er so beliebt, dass man ihn über Skype auch Demonstrationen in anderen Städten anführen ließ. Er blieb während der Belagerung in Homs und schloss sich der Freien Syrischen Armee an. Talal Derkis Dokumentarfilm *Return to Homs* ist ein eindrucksstarkes Portrait seiner Person.

29 Ibrahim Qashoush (1977 bis 2011) war ein syrischer Feuerwehmann und Amateurdichter aus der Stadt Hama. Im Zuge der Proteste in Syrien 2011 wurde er durch das Schreiben und Singen von Protestliedern gegen die Regierug bekannt. Seine Lieder wurden auf vielen Demonstrationen weltweit gesungen. Im Juni 2011 fand man seine Leiche im Fluss Orontes. Die regierungsnahen Täter hatten symbolträchtig sein Kehle durchgeschnitten und seine Stimmbänder entfernt.

30 Ghiath Matar war ein syrischer Pazifist und Aktivist, der bekannt wurde, als er 2011 Mineralwasserflaschen und Rosen an die Soldaten der syrischen Armee überreichte, die im Einsatz gegen die Demonstranten waren. Im September 2011 wurde er von Sicherheitskräften festgenommen. Vier Tage später wurde seine Leiche seiner Familie überreicht. Er war zu Tode gefoltert worden. Bei seiner Beerdigung waren auch die Botschafter der Vereinigten Staaten, Deutschlands, Japans, Frankreichs und Dänemarks anwesend. Matars Frau erwartete ihr erstes Kind, das sie nach seinem Vater taufte.

31 Nimmt Bezug auf Heraklits Satz „Man kann nicht zweimal in denselben Fluss steigen."

32 „Diejenigen, die sich mit Erde waschen", beziehungsweise die Gebetswaschung mit Erde vollziehen (oder Arabisch „Ashab at-Tayammum") bezeichnet hier die Muslime. Der Ausdruck kommt von der islamrechtlichen Empfehlung, in bestimmten Fällen, die im Koran näher definiert sind, die vor den Gebeten erforderliche rituelle Waschung durch die Anwendung von reinem Sand oder gar Erde statt Wasser zu verrichten.

33 Dscha'far ibn Abi Talib (etwa 590-629) war ein Gefährte und Cousin des Propheten Mohammad und war einer der ersten Konvertiten zum Islam. Im Jahr 615 führte er eine Gruppe von über achtzig Muslimen an, die im Zuge der Verfolgung durch die Herrscherfamilie al-Kuraish in Mekka fliehen mussten, und bat um Schutz, also „Asyl", im christlichen Abessinien (im heutigen Äthiopien) beim damaligen Negus Ashama ibn Abjar, der ihm diesen Schutz, nachdem Dschaʿfar ibn Abi Talib ihm Koranverse über Jesus und Maria vorgetragen hatte, auch gewährte.

34 Anlehnung an den berühmten Hadith des Propheten aus der Hadith-Sammlung „al-Musnad" von Ahmad ibn Hanbal (780-855): „(…) Ein Araber hat keinen Vorzug vor einem Nicht-Araber, noch ist ein Weißer besser als ein Schwarzer oder ein Schwarzer besser als ein Weißer, außer durch Gottesfürchtigkeit."

35 Zitat: „Und die Menschen sind Gott gegenüber verpflichtet, Wallfahrt nach dem Haus zu machen – soweit sie dazu die Möglichkeit haben", Koran, Sure 3, Vers 97, Übersetzung: Rudi Paret.

36 Zitat aus einem Lied der bekannten syrisch-libanesischen Sängerin Samira Tawfiq (geboren 1935 im Libanon), in dem es heißt: „Die Eisenbrücke ist unter den Tritten deiner Schritte zerbrochen", https://www.youtube.com/watch?v=wYSaUM-zP-lA.

37 Das Zaatari-Flüchtlingslager liegt in Nordjordanien, sechs Kilometer von der syrischen Grenze entfernt. Es besteht seit 2012 und beherbergt Menschen aus Syrien, die vor Gewalt und Krieg geflohen sind. Mit seinen heute über 83.000 Einwohnern und einer Fläche von 18 Quadratkilometern ist es eines der größten Flüchtlingslager der Welt und Jordaniens viertgrößte Stadt.

38 Zitat aus dem in der Region Deir ez-Zor sehr populären Volkslied *Oh Traktorfahrer*, in dessen Text mehrere kleine Orte im Umland der Stadt erwähnt werden, unter anderem auch

Assaf Alassafs Heimatdorf Mohassan, hier interpretiert von Abdelrazzak al-Habbouri, ein hübscher Videoclip mit Weihnachtsbaum http://www.youtube.com/watch?v=qLVXhaLirY4.

39 Mohassan, auch al-Muhassan, ist eine syrische Kleinstadt (circa 9.000 Einwohner) im Gouvernement von Deir ez-Zor. Sie liegt am Euphrat, 120 Kilometer westlich der syrisch-irakischen Grenze. Es ist eine jener syrischen Städte, die den Beinamen „Klein-Moskau" tragen, da die Syrische Kommunistische Partei dort besonders viele Anhänger hatte. Assaf Alassaf ist dort aufgewachsen.

40 Deir ez-Zor ist eine Stadt im Osten Syriens und zugleich Hauptstadt des gleichnamigen Gouvernements. Ihre Geschichte reicht zwar mindestens zurück bis in die Zeit der Römer unter Imperatorin Zenobia, dennoch ist das Wahrzeichen der Stadt eine in den 1930er-Jahren errichtete Hängebrücke über den Euphrat. Diese wurde allerdings 2013 im Zuge der Gefechte zerstört.

41 Die im Gouvernement Raqqa direkt am Assad-See liegende Stadt Tabqa heißt eigentlich offiziell Thawra, auf Deutsch „Revolution", womit der Staatsstreich vom 8. März 1963 gemeint ist, durch den die Baath-Partei die Macht in Syrien übernahm, wobei sich der offizielle Name nie bei der Bevölkerung durchgesetzt hat.

42 Saqlawiyah ist eine Araberpferderasse.

43 Gamal Abdel Nasser, geboren 1918 in Alexandria, gestorben 1970 in Kairo, war ein ägyptischer Offizier und Staatsmann. Von 1952-1954 war er Ministerpräsident von Ägypten, von 1954-1970 Staatspräsident sowie in der Periode der Vereinigung Ägyptens mit Syriens Präsident der Vereinigten Arabischen Republik.

44 Dabke ist ein Folklore-Tanz, der in diversen Ländern des Nahen Ostens getanzt wird. Es ist ein Reihentanz, bei dem das Stampfen eine große Rolle spielt, so bedeutet auch der Name in etwa „Stampfer".

45 Die traditionelle Kopfbedeckung für Männer ist bei arabischen Beduinen ein Kopftuch, das von einer schwarzen Kordel, genannt Agal, gehalten wird. Wird im Zuge eines Streites die Ehre eines Mannes verletzt, zieht er sich die Kordel symbolisch vom Kopf, so dass sie um den Hals hängen bleibt. Erst wenn seine Ehre durch Ausgleich, Rache oder Entschuldigung wiederhergestellt ist, darf er sie wieder aufsetzen.

46 Mohammad Malas, geboren 1945, ist ein bekannter syrischer Filmemacher. Er hat bei vielen Dokumentarfilmen Regie geführt und ist einer der Begründer des syrischen Autorenkinos.

47 Ghassan Shmeit, geboren 1956, ist ein syrischer Filmregisseur.

48 Maher Kaddo, geboren 1949 in Deir ez-Zor, Syrien, ist ein syrischer Dokumentarfilmer.

49 Ahmad al-Dscharba, geboren 1969 in Qamishli, Syrien ist ein syrischer Politiker und Jurist. Er war vom 6. Juni 2013 bis zum 12. Juli 2014 Präsident der Nationalen Koalition der syrischen Oppositionskräfte. Während seiner Präsidentschaft erntete er starke Kritik in vielen Kreisen innerhalb der syrischen Opposition, teils aufgrund seiner engen Beziehungen zu Saudi-Arabien und Katar, teils wegen seines Hintergrunds als Stammesführer beim Shammar-Stamm in der Region al-Hasaka, und weil ihm vorgeworfen wurde, er sei auf Druck von Amerika und Frankreich an seine Position gekommen.

50 George Sabra, geboren 1947, ist ein syrischer Politiker und Oppositioneller. Er ist ein griechisch-orthodoxer Christ und wurde 2012 zum Präsident des Syrischen Nationalen Rat gewählt, der von mehreren UN-Staaten und insgesamt 20 Ländern als legitimer Repräsentant des syrischen Volkes anerkannt ist. Vom 22. April bis zum 6. Juli 2012 war er zudem Präsident der Nationalen Koalition der syrischen Oppositionskräfte.

51 Arsal ist eine im Nordosten Libanons an der syrisch-libanesischen Grenze gelegene Kleinstadt in der Bekaa-Ebene. Aufgrund ihrer geographischen Lage ist sie seit jeher eine Schmugglerhochburg, zudem sind ihre mehrheitlich sunnitischen Bewohner in einem hauptsächlich schiitischen Umfeld traditionell gegen die schiitische, mit dem Assad-Regime verbündete Hisbollah. Der durch das Schmuggeln traditionell bestehende inoffizielle Grenzübergang wurde nach Beginn des Volksaufstands in Syrien zum Übergang für syrische Oppositionelle und Aktivisten aber auch für Waffen. Zudem leben in der Kleinstadt viele syrische Flüchtlinge.

52 Im Arabischen, wie in vielen Sprachen und Mundarten rund ums Mittelmeer (und vermutlich auch anderswo), beschimpft man jemanden besonders effektiv, indem man seine Mutter und Schwester mit irgendetwas Sexuellem in Verbindung bringt. Anstelle von „Du Arschloch!" sagt man: „Die Möse deiner Schwester/Mutter." Wirklich witzig wird es aber, wenn man auf diese Weise im levantinischen Arabisch über abstrakte Dinge fluchen will. So würde man, um etwa „Scheiß-Geburtstag!" auszudrücken, „Die Möse der Schwester des Geburtstags!" sagen.

Anmerkung des Herausgebers 10/11

Bis zum Zeitpunkt des erstmaligen Erscheinens dieses Textes im Oktober 2015 als E-Book hat Assaf Alassaf noch nie ein Visum nach Deutschland oder in ein anderes europäisches Land beantragt, noch hat er die deutsche Botschaft in Beirut je auch nur von außen gesehen, geschweige denn den deutschen Botschafter getroffen.

Dennoch gibt es einen Grund, warum er, wie die meisten anderen in den Libanon geflüchteten Syrer, früher oder später mit dem Gedanken spielte, weiter nach Europa zu ziehen:

Jeder Mensch möchte am liebsten mit einem gültigen Aufenthaltsstatus dort leben, wo er ist, da alles andere das Leben sehr kompliziert macht, besonders in einem Land wie dem Libanon, wo man ständig an Militärcheckpoints vorbei muss, einem Land, in dem unterschiedliche Gegenden von verschiedenen Milizen mit einem großen Maß an Willkür kontrolliert werden.

Wer nicht legal ist, kann außerdem keine Miet- oder sonstigen Verträge unterschreiben, nicht legal arbeiten oder seine Kinder einschulen. Die Möglichkeit, als Syrer im Libanon eine Aufenthaltsgenehmigung (oder gar eine Arbeitsgenehmigung) und somit einen gewissen Schutz vor Verhaftung zu bekommen, ist jedoch nur sehr eingeschränkt gegeben.

Die Lage in den anderen Nachbarstaaten ist nicht viel besser. Das einzige Nachbarland, in das man aus dem Kriegsgebiet Syrien ohne Visum einreisen kann, ist die Türkei. Alle arabischen Länder haben sehr strenge Einreise- und Aufenthaltsbestimmungen für Syrer.

Mehr dazu erfahren Sie in unserem Kuckucksei zum Buch „Der syrische Tourismusboom im Libanon": http://www.mikrotext.de/oktober-2015-der-syrische-tourismusboom-im-libanon-von-sandra-hetzl

Katalog

Abbas, Rasha: *Die Erfindung der deutschen Grammatik. Geschichten.* Aus dem Arabischen von Sandra Hetzl. März 2016. Gedruckt erschienen bei Orlanda.

Adrian, Stefan: *Bluffen. Ein Roman.* September 2014.

Adrian, Stefan: *Der Gin des Lebens. Drinklyrik.* Juni 2014. Auch erhältlich als gedruckte Ausgabe.

Alassaf, Assaf: *Abu Jürgen. Mein Leben mit dem deutschen Botschafter.* Oktober 2015. Auch erhältlich als gedruckte Ausgabe.

Bwansi, Patras; Ziemke, Lydia: *Mein Name ist Bino Byansi Byakuleka. Doppel-Essay.* Januar 2015. Auch erhältlich auf Englisch.

Christ, Sebastian: *Berliner Asphalt. Geschichten von Menschen in Kiezen.* Juni 2014.

Christ, Sebastian: *Ich bin privat hier. Eine Ukraine-Reportage.* Januar 2015.

Christ, Sebastian: *Mein Brief an die NSA. Auf der Suche nach meinen Daten.* Dezember 2013.

Cravan, Arthur: *König der verkrachten Existenzen. Best of.* Aus dem Französischen von Hannah Mittelstädt und Pierre Gallissaires. Februar 2016. Gedruckte Gesamtausgabe erschienen in der Edition Nautilus.

Faiz; Tieke, Julia: *Mein Akku ist gleich leer. Ein Chat von der Flucht.* April 2015. Auch erhältlich als gedruckte Ausgabe.

Fargo Cole, Isabel: *Ungesichertes Gelände. Liebesnovelle.* Dezember 2013.

Fischer, Jan (Hg.): *Irgendwas mit Schreiben. Diplomautoren im Beruf.* März 2014.

Fischer, Jan: *Ihr Pixelherz. Eine Love Story.* Juni 2015.

Franzobel: *Steak für alle. Der neue Fleischtourismus.* Juni 2013.

Geißler, Heike: *Saisonarbeit. Volte #2.* Dezember 2014.

Herzberg, Ruth: *Wie man mit einem Mann glücklich wird. Beobachtungen.* August 2015.

Khan, Sarah: *Der Horrorpilz. Eine unbefriedigte Geschichte.* Oktober 2013.

Kirsten, Caterina; Gerhardt, Katharina; Novel, Ariane; Richter, Nikola; Rudkoffsky, Frank O. Siegmund, Eva (Hg.): *Willkommen! Blogger schreiben für Flüchtlinge.* Dezember 2015.

Kluge, Alexander: *Die Entsprechung einer Oase. Essay für die digitale Generation.* März 2013.

Kuhlbrodt, Jan: *Das Elster-Experiment. Sieben Tage Genesis.* Juni 2013.

Mesch, Stefan; Richter, Nikola (Hg.): *Straight to your heart. Verbotene Liebe* 1995–2015. Juni 2015.

Mills, Alan: *Eine Subkultur der Träume. Auf Twitter.* Dezember 2015.

Palzer, Thomas: *Spam Poetry. Sex der Industrie für jeden.* Juli 2013.

Rinke, Moritz; Roth, Claudia u.a.: *Gezi bleibt. Stimmen zum Aufbruch in der Türkei.* Juli 2013.

Saeed, Aboud: *Der klügste Mensch im Facebook. Status-meldungen aus Syrien.* Aus dem Arabischen von Sandra Hetzl. März 2013. Auch erhältlich als gedruckte Ausgabe und auf Englisch.

Saeed, Aboud: *Lebensgroßer Newsticker. Szenen aus der Erinnerung.* Aus dem Arabischen von Sandra Hetzl. März 2015. Gedruckt erschienen bei Spector Books.

Sargnagel, Stefanie: *In der Zukunft sind wir alle tot. Neue Callcenter-Monologe.* März 2014. Auch erhältlich als gedruckte Ausgabe.

Zeegen, Chloe: *I love myself ok? A Berlin Trilogy.* Oktober 2013.

mikrotext ist ein Verlag für aktuelle literarische Texte,
die Zeitgenossenschaft dokumentieren und Perspektiven in die Zukunft
schreiben. Sie sind inspiriert von Entwicklungen und Diskussionen in
sozialen Medien und dem Blick auf internationale Debatten.
Alle Texte erscheinen zunächst digital, einige auch auf Englisch.
Ausgewählte Titel sind gedruckt im Buchhandel erhältlich.

© mikrotext, Berlin 2016

mikrotext.de
facebook.com/mikrotext
Twitter @mkrtxt

1. Auflage 2016
Zuerst erschienen in kürzerer Form
im Oktober 2015 als E-Book unter dem Titel
Abu Jürgen

Herausgeber: 10/11

Cover und Satz: Andrea Nienhaus
Cover-Foto: Tim Reckmann/pixelio.de
Schrift: PTL, Attention/Viktor Nübel

Die Texte für dieses Buch wurden in Zusammenarbeit mit der
Heinrich-Böll-Stiftung produziert.
Die Stiftung ist nicht für die Inhalte verantwortlich.

HEINRICH BÖLL STIFTUNG
MIDDLE EAST

Koordination der Print-Ausgabe durch TALOS Media Services, Hamburg
Printed in Poland.

ISBN 978-3-944543-36-9